Eugen E. Hüsler

Hüslers Klettersteigführer

GARDASEE

W0056675

**Alle Vie ferrate in den Trentiner
Bergen, Monti Lessini und Brenta**

BRUCKMANN

Vorwort

So ganz anders war es vor anderthalb Jahrhunderten auch nicht; schon damals pilgerten sonnenhungrige Nordländer in den Süden, an die Gestade des Gardasees. Nur dass es sich in der »guten alten Zeit« bloß Betuchte leisten konnten, überhaupt zu verreisen. Und nach langer Fahrt (aber ganz ohne Stau) am Benacus angekommen, frönte man vor allem dem gepflegten Nichtstun, delektierte man sich an der bezaubernden Kulisse.

Und heute? Längst ist der See, sind seine Berge zur riesigen Sportarena für die Massen geworden; Haifischflossensegel flitzen übers raue Wasser, Biker kurbeln über schottrige Pisten bergwärts, im Himmel am Monte Baldo hängen bunte Schirme, an den Sonnenfelsen hinter Arco wird aufgestiegen und abgeseilt.

Auch bei den Klettersteiglern hat der See seine (große) Anhängerschar; immerhin kann man über dem Wasser fast das ganze Jahr seinem steilen Hobby frönen. »Monte Albano«, »Via Pisetta«, »Che Guevara« und »Via dell'Amicizia« heißen die Zauberformeln, die das Herz des »Ferratista« höher schlagen lassen, im nebelgrauen Bayern für Sonnenträume sorgen: aufwärts, am Drahtseil, an der Leiter.

Das geht auch im Etschtal, wo man zwischen dem Überetsch und Trento auf ein halbes Dutzend waschechter Klettersteige stößt. Und noch weiter südlich, am Pasubio und in den Monti Lessini, deren Hauptkamm treffend als »Piccole Dolomiti« bezeichnet wird, gibt's noch ein paar Eisenwege, landschaftliche Schmankerl, steile Routen.

Im Hochsommer – wenn's rund um den See und in den südlichen Voralpen zu heiß ist – suchen (auch) Klettersteiger höher gelegene Ziele. Und die finden sich in unmittelbarer Nachbarschaft des Benacus, gerade 30 Kilometer (Luftlinie) von seinem Nordufer entfernt: in den Brenta-Dolomiten. Hier verläuft die legendäre »Via delle Bocchette« – eine echte Traumroute für Liebhaber gesicherter Wege.

Übrigens: In den Bergen zwischen Tremalzo, Pasubio und Monte Grappa, zwischen Cima Brenta, Mendelkamm und Gramolòn ist viel mehr zu entdecken als nur ein bisschen Eisen am Fels. In diesem Sinn: Augen auf und viel Spaß auf den »Klettersteigen des Südens«!

Eugen E. Hüsler

Der Klassiker schlechthin unter den Brenta-Steigen: am »Sentiero delle Bocchette Centrali«.

Inhalt

Einleitung 8

Wichtig: die richtige Ausrüstung 8 • Die Selbstsicherung 9 • Ein Wort zum Umweltschutz 11 • Gefahren 11 • Leicht zu merken – 10 Regeln für Klettersteigler 14 • Objektiv – subjektiv: die Schwierigkeit mit den Schwierigkeiten 15 • Eine Vier-Klassen-»Gesellschaft« 16 • Die Hüsler-Schwierigkeitsskala 17

Die Klettersteige 18

Etschtal, rund um Trento 18

1	Roèn-Klettersteig	○	20
2	Fennberg-Klettersteig	◑	23
3	Via attrezzata Rio Secco	●	26
4	Sentiero attrezzato Burrone-Giovanelli	○	29
5	Sentiero Clemente Chiesa	○	32
6	Sentiero attrezzato Giulio Gabrielli	○	35
7	Percorso attrezzato Carlo Guzzella	◑	38
8	Percorso attrezzato Sass Brusai	●	41
9	Sentiero Giordano Bertotti	○	44
10	Sentiero attrezzato Pero Degasperi	●	47
11	Via attrezzata Giulio Segata	●	50
12	Sentiero del Coraza und Sentiero dei Sparavei	○	53

Gardaseeberge 56

13	Via attrezzata Monte Albano	●	58
14	Sentiero attrezzato Corne de Bes	○	62
15	Sentiero attrezzato Gerardo Sega	◑	64
16	Ferrata delle Taccole	◑	67

17	Via ferrata Spigolo della Bandiera	●	70
18	San Valentino, gesicherter Steig	○	72
19	Sentiero Pellegrino	○	74
20	Sentiero attrezzato Fausto Susatti	◐	77
21	Sentiero attrezzato Mario Foletti	◐	77
22	Sentiero dei Camminamenti	○	77

Tiefblick auf das oberste Becken des Gardasees; links Riva.

23 Sentiero delle Laste ◖ 77

24 Via dell'Amicizia ● 82

25 Sentiero attrezzato del Colodri ◑ 86

26 Sentiero dell'Anglone und Sentiero degli Scaloni ○ 89

27 Sentiero attrezzato Rio Sallagoni ● 92

28 Via ferrata Ernesto »Che« Guevara ● 94

29 Via attrezzata Rino Pisetta ● 99

Pasubio und Monti Lessini 102

30 Sentiero Franco Galli ○ 104

31 Sentiero attrezzato Gaetano Falcipieri
(Sentiero delle cinque Cime) ◖ 107

32 Sentiero del Sengio Alto ○ 112

33 Via ferrata Carlo Campalani ◖ 115

34 Sentiero alpinistico Angelo Pojesi ◖ 118

35 Via ferrata Giancarlo Biasin ● 122

36 Via ferrata Angelo Viali ● 124

Brenta-Dolomiten 126

37 Tuenno- und Terres-Waal ○ 128

38 Sentiero attrezzato Claudio Costanzi ● 132

39 Sentiero delle Palete ◖ 136

40 Sentiero di Val Gelada ◖ 136

41 Sentiero Vidi ◖ 136

42 Sentiero Alfredo Benini ◖ 139

43 Sentiero delle Bocchette Alte ● 142

44 Sentiero Oliva Detassis ● 142

45 Sentiero SOSAT ◖ 146

46 Sentiero Osvaldo Orsi ○ 149

47	Sentiero attrezzato Celeste Donini	○	152
48	Sentiero delle Bocchette Centrali	◑	154
49	Sentiero Brentari	◑	158
50	Sentiero dell'Ideale	◑	158
51	Sentiero Castiglioni	●	162
52	Sentiero attrezzato Passo Bregàin	○	164
Register			166

Beliebter Eisenweg im Südtiroler Etschtal: der »Fennberg-Klettersteig«.

Wichtig: die richtige Ausrüstung

Auf den Vie ferrate, den »Eisenwegen«, braucht man zwar weder Schneidbrenner noch Drahtzange, aber in jedem Fall die richtige Ausrüstung. Das ist einerseits mehr, als Bergwanderer in ihrem Rucksack haben, aber erheblich weniger, als ein Kletterer zum Einstieg schleppt. Geht man auf eine große Tour alpinen Zuschnitts, beispielsweise in den Monti Lessini, ist der Ballast natürlich ungleich größer als beim Training am kurzen, talnahen Sportklettersteig. Da wird dann der Biwaksack verstaut, werden im Frühsommer Grödeln aufgepackt. Taschenlampe und Handschuhe sind ohnehin im Rucksack.

Auch das »Outfit« (so nennt sich das heute) hängt weitgehend von der Jahreszeit und dem gewählten Tourenziel ab. Klar, dass im Sommer (oder am Gardasee) das Beinkleid kurz ausfällt, dass die Trinkflasche

Am oberen Ende des Gardasees liegt das Städtchen Riva. dafür etwas größer sein muss. Auf der »Ferrata Rio Sallagoni« etwa braucht es kein schweres Gepäck, dafür aber die richtigen Schuhe: Kletterpatschen mit elastischer Sohle, die maximale Reibung im Steilfels gewähren. Schwere Bergstiefel, im Hochgebirge auch auf gesicherten Steigen durchaus passend, schneiden natürlich schlechter ab.

Helm auf! Also wichtig: unten die richtigen Schuhe – und oben eine Kopfbedeckung, für alle Fälle. Auf Gratrouten darf man ja durchaus auf das (schweißtreibende) Stück verzichten (ein fesches Stirnband gefällt ohnehin besser), doch in Rinnen und Schluchten, unter Felswänden und auf Bändern gibt man sich doch gerne bedeckt, hier weiß einjede/r den Helm zu schätzen. Und da sind ja noch jene Bergkameraden, die sich gerne als »Abräumer« betätigen.

Die Selbstsicherung

Wichtig für den Klettersteiggeher: die Selbstsicherung.

Klettersteig-Sets: Sicherheit vermittelt dem »Akrobat schöön« am Drahtseil nicht das Netz, sondern sein Klettersteig-Set, das aus einem Sitz- und einem Brustgurt (bzw. Kombigurt), zwei je etwa einen Meter langen Seilstücken, einer Sturzbremse und zwei Schnappkarabinern mit großer Öffnung besteht. Diese Sets werden von mehreren Herstellern angeboten, in unterschiedlichen Standards. Üblich ist heute die Y-Form, die doppelte Sicherheit bietet, weil jeweils beide Karabiner eingehängt werden.
Eine innovative Neuerung bilden Sets mit angenähter Bandschlinge. Endlich ist Schluss mit dem umständlichen Einbinden des Sets, keine Knoten mehr (die aufgehen können)! Die Bandschlinge wird ganz simpel per Ankerstich mit dem Klettergurt verbunden – da kann wirklich nichts mehr schiefgehen! Die meisten Hersteller sind auch bei den Karabinern vom traditionellen Knoten abgekommen zugunsten vernähter Bänder. Ein echter Fortschritt!
Karabiner: Auch bei den Karabinern sind neue Entwicklungen zu registrieren; wer es sicher und komfortabel mag, greift zum Modell »Attac« von Salewa mit seiner intelligenten Verschlusssicherung. Um ihn einzuhängen, drückt man den Karabiner einfach gegen das Drahtseil

oder die Verankerung. Sehr vorteilhaft auch, dass der Karabiner durch eine Öse eingebunden wird; eine Querbelastung ist dadurch unmöglich (Bruchrisiko).

Partnersicherung: Auf steilen bis senkrechten Klettersteigen, die lediglich mit einem durchlaufenden Drahtseil ausgestattet sind (z.B. »Via Pisetta«), gewährleistet diese Selbstsicherung keinen optimalen Schutz. Versuche haben gezeigt, dass bei Stürzen über wenige Meter bereits Kräfte frei werden, die zu Karabinerbruch oder Seilriss führen können. Und sogar wenn die Sicherungen halten, muss bei solchen Stürzen mit bösen Verletzungen gerechnet werden. Wirkliche Sicherheit bietet da nur die konventionelle Partnersicherung – man begeht die Via ferrata wie eine Kletterroute.

Schönste Ferrata der Gardasee-Region: die »Che« Guevara.

Ein Wort zum Umweltschutz. Über die enormen Belastungen, denen die Alpen als »Playground of Europe« ausgesetzt sind, muss an dieser Stelle nichts weiter gesagt werden. Von den Besuchermassen darf man wohl nur bedingt erwarten, dass sie – entgegen ihren (schlechten) Gewohnheiten – das Naturwunder Alpen nicht bloß konsumieren, sondern als Individuen sinnvoll erleben. Diese Erkenntnis entbindet aber gerade den Bergsteiger keineswegs von einer Mitverantwortung gegenüber seinen Bergen. Also zumindest dafür sorgen, dass der Müllhaufen nicht weiter anwächst! Was bereits herumliegt, braucht nicht ansteckend zu wirken, im Gegenteil: Ich habe es mir zur (guten) Gewohnheit gemacht, nicht nur die eigenen Abfälle, sondern von jeder Tour auch ein zurückgebliebenes Exponat unserer Wegwerfgesellschaft wieder hinab ins Tal mitzunehmen. Diese kleine »Mühe«, von all jenen praktiziert, die sich als Berg- und Naturfreunde fühlen, müsste eigentlich eine erfreulich reinigende Wirkung auf Gipfel und Wegränder zeitigen.

Gefahren

Wenn das Leben gefährlich ist (wie der Volksmund behauptet), dann ist es das Herumsteigen im Gebirge sowieso. Das wissen die Bergbauern (sofern sie noch nicht Hoteliers geworden sind), und sie begegnen dem Berg deshalb mit Respekt, meiden unnötige Risiken. Der moderne Mensch dagegen, in seinem Alltag der Natur entfremdet, an PC und Handy gefesselt, meist auch sitzend unterwegs (im Auto, im Zug), er sucht das Abenteuer, den spannend-entspannenden Kontrast zu seiner Arbeitswelt. So begibt er sich bewusst auf unbekanntes Terrain – in Gefahr halt. Und die kommt im Gebirge meistens von oben: Regen, Schnee, Gewitter, Steinschlag.

Steinschlag: Er steht in der Liste alpiner Unfallursachen an erster Stelle, wie Statistiken beweisen. Schuld daran sind leider auch rücksichtslose »Bergkameraden«, die durch unsauberes Gehen für gefährlichen »Beschuss« sorgen. Steilrinnen und Geröllschluchten sollte man nach Möglichkeit ohnehin nur betreten, wenn niemand darin unterwegs ist, und selbstverständlich wird man in diesen kritischen Bereichen selber keine Steine lostreten.

Wetter: Immer wieder ist zu beobachten, wie sträflich die Wetterentwicklung von Bergsteigern unterschätzt wird. Wer einmal ein richtiges Gewitter in den Alpen erlebt hat oder bei einem Temperatursturz mit einsetzendem Schneefall über einen Klettersteig abgestiegen ist, wird in Zukunft entschieden vorsichtiger sein. Deshalb: vorher Infos über die Wetteraussichten einholen! Ein strahlend schöner früher Morgen bietet keinerlei Gewähr, dass es den ganzen Tag über sonnig bleibt, dass weder Gewitter noch Regen drohen. Als Vorboten einer Wetterverschlechterung gelten Morgenrot, fallender Luftdruck (lässt sich am Höhenmesser ablesen), bestimmte Wolkenbilder (z.B. Schäfchenwolken nach längerem Schönwetter, Föhnfische und von Westen aufziehende Federwolken). Bilden sich bereits am Vormittag Haufenwolken, die dann rasch zu mächtigen Türmen anwachsen, sind Schauer, Blitz und Donner zu erwarten. Und das muss Klettersteigler ganz besonders interessieren, ist ihr liebstes Sportgerät doch ein gigantischer Blitzableiter.

Besonders gefährlich sind Gewitter auf »eisernen« Überschreitungen, bei denen man auch den Abstieg über eine Ferrata nehmen muss. Da

Ein tolles Revier für Klettersteigler: der Rocchetta-Stock bei Riva.

hilft bei Gewittergefahr bloß: rechtzeitig umkehren. Wird man trotzdem vom Unwetter erwischt, heißt die Devise: weg von Eisenleitern und Drahtseilen (aber natürlich nur, wenn das ohne Absturzgefahr geht)! Zu meiden sind herausragende Geländepunkte wie Gipfel, Grate oder isoliert stehende Bäume. Auch Felsnischen bieten keinen sicheren Schutz, da sich ein Blitzschlag über die Wand entladen kann.

Bin nicht schwindelfrei ... Der Blick in bodenlose Tiefe, er gehört auf Klettersteigen natürlich dazu, macht ja (für manche) den besonderen Reiz dieser Form des Bergsteigens aus: sicher am Abgrund, das kleine Abenteuer, wohliges Kribbeln im Bauch. Doch die Vorstellung, hoch über dem (sicheren) Boden auf ein paar Eisenklammern zu stehen, kann auch ganz andere Reaktionen auslösen: Bin ich schwindelfrei? Es gibt organisch bedingte Störungen des Gleichgewichtssinns, doch viel häufiger ist ein Schwindelgefühl, dessen Wurzeln psychischer Natur sind:

Angst. Und die kann man (manchmal) besiegen, mit viel Geduld und beharrlichem Training. Allmähliche Gewöhnung an die Höhe (bzw. die Tiefe), verbunden mit der langsam wachsenden Gewissheit: Ich schaff' es!

Selbstüberschätzung: Bergsteigen lernt man nicht von heute auf morgen, und das gilt auch für das Klettersteiggehen. Es ist ein verhängnisvoller Irrtum, zu glauben, das sichernde Eisen wäre eine Versicherung gegen menschliche Unzulänglichkeit; im Gegenteil: Manchmal verleitet es zu gefährlichen Fehleinschätzungen. Deshalb der Rat: klein anfangen, allmählich steigern, nicht zu viel Ehrgeiz entwickeln. Und auf keinen Fall vergessen: Der Spaß an der Sache ist wichtiger als das (vielleicht zu hoch gesteckte) Ziel.

Leicht zu merken – 10 Regeln für Klettersteigler

→ Vor der Tour: Infos über Wetteraussichten einholen; bei Gewitterneigung möglichst früh starten, besser Tour verschieben.

→ Tourenplanung dem eigenen Können (bzw. dem des schwächsten Teilnehmers) anpassen. Nicht gleich mit der schwierigsten Ferrata beginnen!

→ Rucksack sorgfältig packen: nichts vergessen?

→ Ausrüstung nicht nur mitnehmen, sondern auch benützen. Der Steinschlaghelm im Rucksack nützt recht wenig ...

→ An der Via ferrata nach Möglichkeit klettern; das Drahtseil dient ja in erster Linie der Sicherung. Wo das nicht mehr möglich ist, darauf achten, dass ein Seilabschnitt jeweils nur von einer Person benützt wird.

→ Sorgfältig gehen, Steinschlag vermeiden. In Rinnen und Schluchten nach Möglichkeit erst einsteigen, wenn das Gelände über einem »frei« ist, also keine anderen Bergsteiger unterwegs sind.

→ Stets aufs Wetter achten. Bei Gewittergefahr weg von Graten und Eisenteilen – wer geht schon gerne an einem riesigen Blitzableiter entlang spazieren?

→ Bei einem Wettersturz umdrehen! Selbst nur mäßig schwierige Klettersteige verwandeln sich bei Regen oder Schneefall, bei einem Temperatursturz (Vereisung) rasch in gefährliche Fallen.

→ Kein blindes Vertrauen in Drahtseile, Haken und Verankerungen; sie können beschädigt sein. Drahtseile nicht unnötig auf Zug belasten.

→ Defekte Sicherungen in der Hütte oder im Talort (Polizei, Tourismusbüro) melden!

Objektiv – subjektiv:
die Schwierigkeit mit den Schwierigkeiten

Höhen am Südrand der Alpen: Gardaseeberge.

Es ist fast wie in der Schule: Noten müssen her, Bewertungen, ein System halt, das den Klettersteigler informiert, ihm Vergleichsmöglichkeiten eröffnet: leicht, mittel, schwierig, sehr schwierig.

Das hört sich ganz einfach an, ist in Wirklichkeit aber ziemlich kompliziert (siehe Schule). Nur ein Beispiel: Was hat der »Jubiläumsgrat« im Wettersteinmassiv mit der »Pisetta« gemeinsam? Die Eisenteile, richtig. Aber das ist, abgesehen von der »Felsunterlage«, auch schon alles; bei ersterem handelt es sich um eine hochalpine Gratüberschreitung, während an der »Pisetta« vor allem ein kräftiger Bizeps und absolute Immunität gegen schwindelnde Tiefblicke verlangt werden. Die Begehung des »Jubigrates« setzt alpine Erfahrung voraus, sicheres Gehen in ungesichertem Gelände, Klettererfahrung und eine tadellose Kondition. All das ist am Dain Picol zweitrangig, noch mehr an jenen Sportklettersteigen in den französischen Alpen, die sich als Ausbildungsgelände für angehende Feuerwehrmänner bestens eignen.

Angst vor der Tiefe. Wer kennt es nicht, das leichte Kribbeln, das einen an sehr ausgesetzten Passagen befällt, bei manchen panische Reaktionen auslöst, während andere es als emotionales Highlight empfinden – das kalkulierte Risiko, das »sichere« Abenteuer. Wer's ganz extrem auskosten will, springt gleich am Gummiseil von der Brücke. Alles subjektiv, sagt der Verstand – doch das Gefühl?

Klettersteigler sind in der Regel Hobbybergsteiger, keine Profis oder Kletterer. Ihr alpines Rüstzeug variiert mindestens so stark wie die Qualität des Frühstückskaffees auf Berghütten: miserabel bis sehr gut. Manche, die sich am Drahtseil und auf der Leiter völlig sicher fühlen, bekommen im ungesicherten Schrofengelände ihre Probleme – und umgekehrt.

Dennoch, eine Skala muss her, Noten sind wichtig (nicht nur in der Schule). Also nochmals von vorn. Eine »Via ferrata« ist als Kletterroute mit fest installierten Sicherungen und künstlichen Haltepunkten zu definieren. Entsprechend hängt ihre Bewertung vor allem von zwei Faktoren ab: dem Schwierigkeitsgrad der naturbelassenen Route (nach der Bewertungsskala der UIAA) und der Art bzw. dem Umfang der angebrachten Eisenteile (Drahtseile, Haken, Leitern). Mit zwei Ziffern ließe sie sich verhältnismäßig leicht klassifizieren, beispielsweise V/D (eine Route im V. Schwierigkeitsgrad mit Drahtseilsicherungen) oder III/DL (ein »Dreier«, ausgerüstet mit Drahtseilen und Leitern). Zu kompliziert? Also doch: leicht bis extrem schwierig.

Eine Vier-Klassen-«Gesellschaft»

Den sehr unterschiedlichen Anforderungen auf gesicherten Routen entsprechen vier Kategorien: **Gesicherte Steige**, klassische **Klettersteige**, **Alpine Steige**, **Sportklettersteige**. Sie unterscheiden sich in dem Führer durch die Farbpunkte im Piktogramm.

Gesicherte Steige   Wege oder Steige, die in der Regel nur kürzere gesicherte Passagen aufweisen, z. B. Normalwege auf Gipfel, Gratrouten oder Übergänge von Hütte zu Hütte. Bergerfahrung ist entschieden wichtiger als ein dicker Bizeps.

Klettersteige   Die klassische Via ferrata, meistens eine mehr oder weniger aufwändig »aufgerüstete« Kletterroute.

Alpine Routen   Mit den »Gesicherten Steigen« vergleichbar, nur kommt hier anspruchsvolleres ungesichertes Gelände dazu. Die alpine Route weist leichtere Kletterstellen auf (bis II), sie führt über Eis (Gletscherausrüstung) und/oder in heikles Schrofen- und Felsgelände. Routen für Bergsteiger mit entsprechender Erfahrung.

Sportklettersteige   Meistens in Talnähe angelegte Routen, bei denen es mehr um Spektakel als um den Berg geht: senkrechte Wandstellen, maximal exponierte Querungen, neuerdings mit Gags wie Hänge- oder Dreiseilbrücken (ein Seil für die Füße, zwei zum Festhalten).

Die Hüsler-Schwierigkeitsskala

Leicht Selbstverständlich handelt es sich auch hier nicht um einen simplen Wanderweg, der Steig ist in der Regel aber trassiert, die Sicherungen sind in Relation zum Gelände komfortabel. Durchwegs große natürliche Tritte; wo sie fehlen, werden sie durch Leitern, Stege, Eisenbügel und Haken ersetzt. Nur kürzere exponierte (und dann bestens gesicherte) Passagen. Für geübte Bergsteiger ist noch keine Selbstsicherung erforderlich.

Mittel Man bewegt sich abschnittweise bereits im Steilfels; die Routen sind aber recht aufwändig gesichert. Senkrechte Passagen mit Eisenbügeln und/oder Leitern, Drahtseilsicherungen auch in weniger schwierigem Gelände. Selbstsicherung auch für routiniertere Bergsteiger empfehlenswert.

Ziemlich schwierig In dieser Kategorie sind viele Klettersteige angesiedelt; es handelt sich um Routen, die teilweise bereits in anspruchsvollem Gelände verlaufen, aber in Relation dazu eher üppig gesichert sind.

Schwierig Das Gelände wird steiler, schwieriger; oft finden sich nur mehr kleine Tritte und Griffe, die Sicherungen sind sparsamer gesetzt. Auch an exponierten Stellen hilft oft bloß ein Drahtseil; künstliche Haltepunkte (Haken, Eisenbügel) nur an den schwierigsten Stellen.

Sehr schwierig Klettersteige im extremen Felsgelände! Senkrechte bis leicht überhängende Passagen, vielfach bloß mit Fixseilen versehen. Nur für sehr erfahrene Klettersteiggeher mit gut trainiertem Bizeps!

Extrem schwierig In diese Kategorie fallen nur ganz wenige »Gänsehautrouten«; etwas für die Extremen unter den Ferratisti.

Farblich unterschiedliche Piktogramme erleichtern den Überblick:				
	Gesicherte Steige	**Kletter-steige**	**Alpine Steige**	**Sportkletter-steige**
leicht	○	○	○	○
mittel	◖	◖	◖	◖
ziemlich schwierig bis sehr schwierig	●	●	●	●

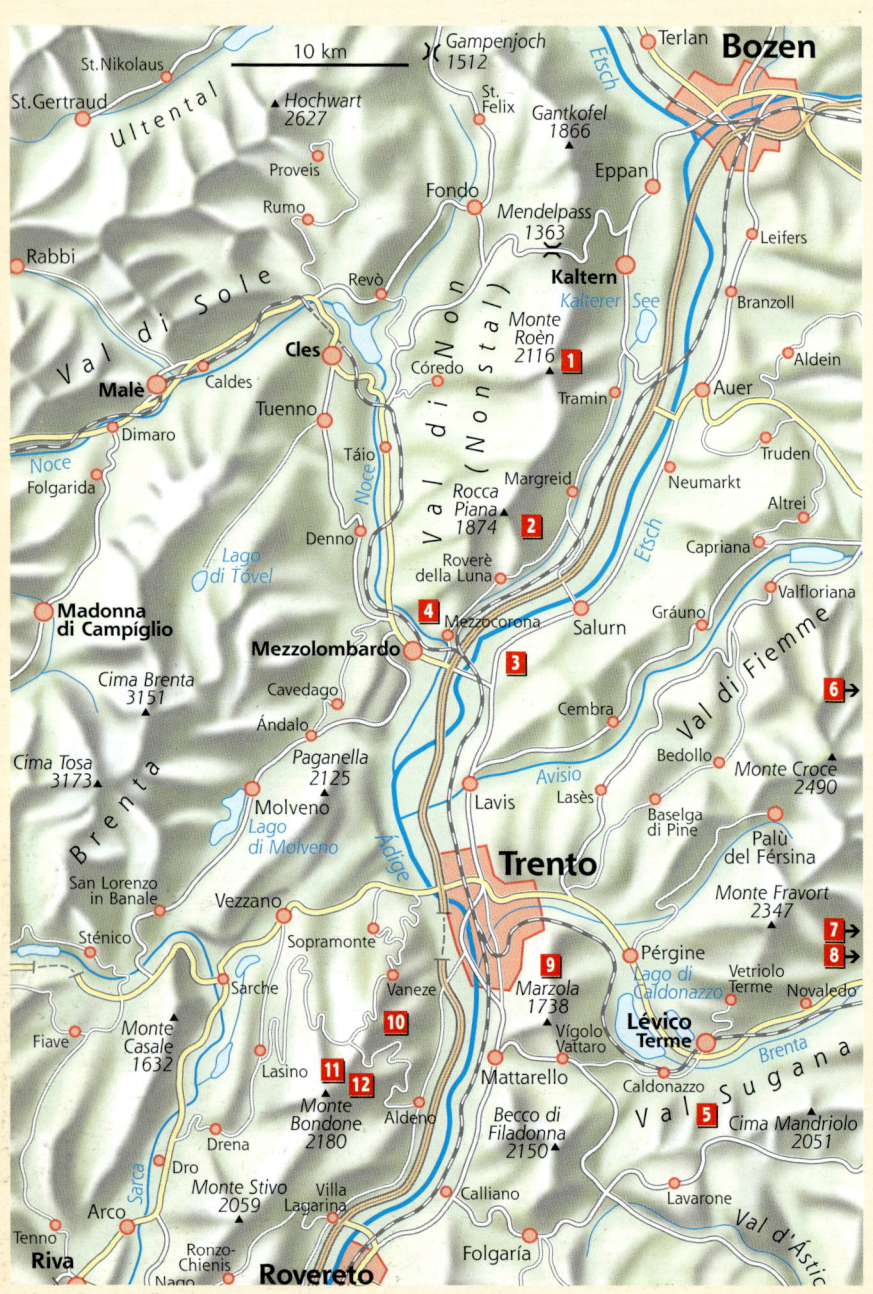

Etschtal, rund um Trento

Klettersteigler, einmal jenseits des Alpenhauptkamms angekommen, brauchen nicht gleich bis zum Gardasee zu fahren, um ihrem Hobby zu frönen. Südtirol (die Dolomiten einmal ausgenommen) gilt zwar als »Ferrata-Wüste«, doch gleich jenseits der Provinzgrenze im Etschtal wartet bereits die erste echte Herausforderung für Bizeps und Nervenkostüm: die »Via attrezzata Rio Secco« (⇨ Tour 3). Wer sich diesen Drahtseilakt nicht zutraut, weicht hier auf den leichten, aber landschaftlich sehr eindrucksvollen »Burrone-Steig« (⇨ Tour 4) aus oder nimmt sich den »Fennberg-Klettersteig« (⇨ Tour 2) vor, eine recht lange Route mittlerer Schwierigkeit.

Auf der Weiterfahrt nach Trento kommt dann der Nordgipfel des Bondone mit seinem mächtigen Antennenstachel ins Blickfeld – ein abwechslungsreiches Revier für Ferratisti, von lang und leicht bis kurz, aber extrem (⇨ Touren 10, 11 und 12).

Ganz auf Genießer und Naturfreunde zugeschnitten sind die beiden kleinen Steige an der Marzola (⇨ Tour 9) und im Val Sugana (⇨ Tour 5). Historischen Reminiszenzen begegnet man auf den beiden Klettersteigen am Monte Grappa (⇨ Touren 7 und 8). Der mächtige Bergstock war im Ersten Weltkrieg letztes Bollwerk der Italiener gegen die vom Isonzo vorrückenden Österreicher. Heute ziert ein monumentales Ossario das Gipfelplateau; es gibt da neben einem Museo della Guerra auch einen kriegsgeschichtlichen Rundgang. Fast schon »historisch« ist auch die Dreiseilbrücke am Sass Brusai – die erste ihrer Art an einem Klettersteig!

Markanter Etschtalgipfel: die Paganella.

1

Roèn-Klettersteig

Monte Roèn, 2116 m
Auf den höchsten Spitz des Mendelkamms

leicht

5¼ Std.
km

780 m

Routencharakter: Leichte, auch ziemlich kurze gesicherte Route. Kaum exponierte Stellen; Steinschlaggefahr in der Rinne durch Voraussteigende.
Ausgangspunkt: Enzianhütte (1409 m) südlich des Mendelpasses bzw. Bergstation des Mendel-Sessellifts (1579 m).
Gehzeiten: Gesamt 5 ¼ Std.; Aufstieg 3 ¼ Std., Abstieg 2 Std. Benützt man den Sessellift, verringert sich die Gehzeit auf 4 Std.

Highlight: Panorama – bei guter Fernsicht!
Einkehr: Rifugio Malga Romeno (1768 m), bewirtschaftet Juni bis Oktober. Überetscher Hütte (1773 m), bewirtschaftet Mitte Mai bis Ende Oktober.
Fototipp: Tiefblicke (Tele!) auf die Überetscher Hütte und das Überetsch.

Der Mendelkamm, lang gestreckt und schroff, bildet die alpine Kulisse des Überetsch: Felsburgen über Schlosstürmen. Blickfang ist der Gantkofel (1866 m) mit seiner jäh abfallenden Stirn (an der übrigens vor einiger Zeit eine Ferrata geplant war), höchster Gipfel der Monte Roèn (2116 m). Weit mehr Besuch erhält allerdings der Penegal (1737 m) dank Straßenzufahrt und Aussichtsturm. Von der eisernen Plattform schaut man ins »Land an der Etsch und im Gebirge« (Südtirol), aber auch weit über dessen Grenzen hinaus bis zu den Gardaseebergen und den firnbedeckten Dreitausendern der Hohen Tauern. Noch ein bisschen umfassender ist die Aussicht vom Monte Roèn. Der hieß im »Hochtourist« von 1930 noch Rhönberg (was mittlerweile ziemlich aus der Mode gekommen ist) und hatte bereits damals seinen Klettersteig; er führt, wie man nachlesen kann, »hinter der Hütte anfänglich über Schutthalden, dann l. in Fels mit guter Seilsicherung auf den Gipfel.« Voilà!

Die gesicherte Route ist so kurz wie anspruchslos, dadurch bestens für Anfänger im Umgang mit alpinem »Eisen« geeignet. Und der Zustieg lässt sich bei Benützung des Mendel-Sessellifts zur Halbweghütte auch noch verkürzen: der Monte Roèn als Halbtagstour.

Tipp

Ein paar Drahtseilpassagen gibt es auch auf der Ostseite des Etschtals, am »**Leiferer Höhenweg**«. Der verläuft an der Nordflanke des Brantentals; er verbindet das Gasthaus Thaler mit den Höfen am Breitenberg und quert dabei einige abschüssige Rinnen (sechs Drahtseile). Talort: Leifers (255 m); Gesamtgehzeit etwa 4 Std.

Wer es etwas spannender mag und ausgefüllte Bergtage vorzieht, startet die Tour in Graun (823 m): Aufstieg ins Grauner Joch (1800 m), weiter Kammwanderung zum großen Wetterkreuz (1868 m) und teilweise

drahtseilgesicherte Querung am »Gamssteig« zur Überetscher Hütte, dann über den Klettersteig zum Gipfel. Anschließend Übergang am Kamm zum Schwarzen Kopf (2030 m) und Abstieg über die Kanzel nach Graun; insgesamt gut 8 Std. und 1500 Höhenmeter – im Auf- und im Abstieg.

Auch für Einsteiger geeignet: der kleine Klettersteig zum Monte Roèn.

➜ **Anfahrt** Den Mendelpass (1363 m) erreicht man aus dem Über- etsch auf guter Straße, 15 km ab Eppan bzw. Kaltern oder von Kaltern- St. Anton mit der Standseilbahn. Knapp 2 km südlich der Scheitelhöhe liegt die Talstation des Mendel-Sessellifts (1380 m; Parkplatz); Berg- station (1579 m) unweit der Halbweghütte. Eine zweite Straße führt vom stark verbauten Pass zur Enzianhütte (1409 m), ebenfalls mit Parkplatz.

1

↗ **Zustieg** Von der Enzianhütte auf einem Fahrweg nur leicht bergan, Markierung 521, hinter den Moorwiesen in stärkerem Anstieg weiter im Wald zur Liftstation und zur Halbweghütte (1594 m). Überwiegend schattig auch die Fortsetzung der Tour, mit nur wenigen Ausblicken. Beim Rifugio Malga Romeno hält man sich links und quert hinüber zur hübsch gelegenen Überetscher Hütte (1773 m).

↑ **Roèn-Klettersteig**

Von der Hütte auf gutem Steiglein (Wegzeiger) in etwa 15 Minuten zum Einstieg (ca. 1870 m). Nun mit Drahtseilhilfe über gestufte Felsen, dann unter Überhängen nach links in eine steile Rinne. Sie wird in der Falllinie bis knapp unter den Kamm durchstiegen (Drahtseile). Zuletzt am abgeflachten Rücken zum Gipfel, *1 Std.*

Am Mendel- ↘ **Abstieg** Auf Weg 521 über den Nordrücken des Monte Roèn hinab
kamm. zur Malga Romeno und via Halbweghütte zurück zum Mendelpass.

Fennberg-Klettersteig

Unterfennberg, 1047 m
Aus dem Etschtal auf den Fennberg

 mittel

 5 ½ Std.

 890 m

Routencharakter: Recht langer, gut gesicherter Klettersteig. Keine Tour für den Hochsommer – viel zu heiß!
Ausgangspunkt: An der Straße von Margreid nach Roverè della Luna.
Gehzeiten: Gesamt 5 ½ Std.; Aufstieg 3 Std., Abstieg und Rückweg 2 ½ Std.
Higlights: Tiefblicke ins Etschtal.

Einkehr: Plattenhof und Gasthof Zur Kirche in Unterfennberg (1047 m). Mehrere Gasthäuser in Margreid und Roverè della Luna.
Fototipp: Gute Actionmotive im unteren Teil des Klettersteigs: Einstiegskamin, senkrechte Klammerreihe, Leiterpassagen. Vormittagssonne.

Ganz unten im Südtiroler Unterland, der Sprach- und Provinzgrenze zum Trentino bereits ganz nahe, fußt der Fennberg in der breiten, durch die Abzugskanäle des Kalterer Sees erst urbar gemachten Sohle des Etschtals. Und genau da, Höhenkote 210 m, startet der »Fennberg-Klettersteig«, eine interessante gesicherte Route, bloß mäßig schwierig, aber ziemlich lang und anhaltend steil, im Hochsommer deshalb eine richtige (knochentrockene) Hitzefalle. Viel schöner ist die Tour im Frühling, wenn am Weg die rosafarbigen Blüten des Diptam (Dictamnus albus) stehen und der Goldregen (Laburnum anagyroides) seine Farbenpracht entfaltet. Überhaupt zeichnen sich die felsigen Steilhänge des Fennbergs durch eine besonders artenreiche Vegetation aus, wobei ausgesprochene Alpenpflanzen wie etwa Silberwurz (Dryas octopetala) und Behaarte Alpenrose (Rhododendrum hirsutum) hier extrem weit herabsteigen (bis etwa 500 m). Zahlreich vertreten sind Liliengewächse, dazu kommen mehrere Orchideen wie etwa der Violette Dingel (Limodorum abortivum) und mehrere Ragwurzarten (Ophyris). Auch die Fauna kann sich sehen lassen; Smaragdeidechsen (Lacerta viridis) sind am Fennberg ebenso heimisch wie die Gottesanbeterin (Mantis religiosa). Günstige Lebensbedingungen finden in den sonnigen Steilhängen auch Schlangen wie die Aspisviper (Vipera aspis) und die ungiftige Aeskulapnatter, deren lateinischer Name (Elaphe longissima) deutlich macht, wodurch sie sich besonders auszeichnet: durch ihre Länge (bis 2 m).

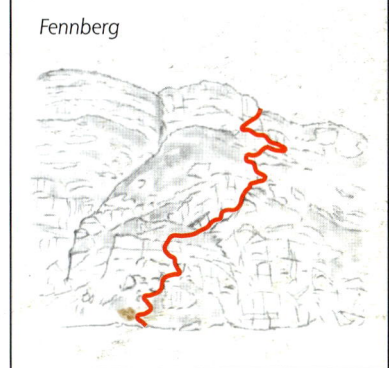

Fennberg

Tipp

Es soll ja auch Genießer unter den Klettersteiglern geben, die hartes Brot, ein Stück Speck und einen Schluck aus der Wasserflasche nicht für einen kulinarisch-lukullischen Höhenflug halten, vergleichbar dem Erlebniswert auf schwindelnden Abgrundpfaden. Wer sich auch gerne auf gastronomische Höhen entführen lässt, ist bei der Familie Pomella im **Turmhotel Schwarz Adler** in Kurtatsch genau richtig (Tel. 0471/88 06 00, Fax 88 06 01).

→ **Anfahrt** Im Südtiroler Unterland nach Margreid an der Weinstraße (243 m), weiter Richtung Roverè della Luna. Gut drei Kilometer hinter dem Ort markiert eine Wegtafel den Beginn des Klettersteigs. Beschränkte Parkmöglichkeit.

↑ **Fennberg-Klettersteig**

Auf schmalem Weglein, teilweise im Wald, über den steilen Wandvorbau (Drahtseil) zum Einstiegskamin: etwa zehn Meter hoch und senkrecht, aber gut gesichert (Schlüsselstelle). Drahtseile, Eisenbügel und drei Leitern sichern

Steile Passage im unteren Abschnitt des Fennberg-Klettersteigs.

Fehlt da nicht ein Kopfschutz?

auch den weiteren Anstieg, der packende Tiefblicke ins Etschtal bietet. Durch eine steile Rinne (Drahtseile) gelangt man schließlich auf die mächtige, bewachsene Rampe in der Wandmitte. Hier wird der Klettersteig zum (aussichtsreichen) Wanderpfad; in der oberen Felszone folgen dann nochmals einige gesicherte Passagen. Ein breites Band leitet nach links; mit Drahtseilsicherung steigt man dann auf unter einen mächtigen Überhang (Routenbuch). Nun rechts aufs »Dach« des Fennbergs (ca. 1120 m) und im Wald zum Plattenhof in Unterfennberg (1047 m), *3 Std.*

↘ **Abstieg** Der Abstieg ist die Krux des »Fennberg-Klettersteigs«, gibt es doch keine ideale Route. Die beiden markierten Wege durch die Fenner Schlucht bzw. das Höllental enden weitab vom Einstieg. Unvermeidlich deshalb ein längerer Straßenhatscher – oder Daumen raus und freundlich gucken ...

Der mit »3« bezeichnete Margreider Steig führt vom Plattenhof zunächst flach zu den Häusern von Putzwald (1058 m), dann in nördlicher Richtung am Abbruch des Fennbergs hinunter in die Fenner Schlucht, wo man auf eine Forstpiste stößt. Sie führt aus der Klamm heraus und in einer weiten Schleife, zuletzt zwischen Weinpergeln, abwärts nach Margreid an der Weinstraße (243 m).

Südseitiger Abstieg: zunächst auf der Straße westwärts, vorbei am kleinen Fenner See und an der Leonhardskirche bis zum Anwesen Tratt (1002 m). Hier auf Weg 502 steil bergab ins romantische Höllental. Drunten am Bach zu dem breiten Fahrweg, der von Roverè della Luna (241 m) heraufkommt. Hinunter ins Etschtal und – Sie wissen schon ...

3 Via attrezzata Rio Secco

Dosson, 625 m
Gar nicht so trocken, der »trockene Bach«

sehr schwierig

2½ Std.

400 m

Routencharakter: Klammroute, fast ausschließlich mit Fixseilen gesichert. Ziemlich anstrengend, mehrere senkrechte, trittarme Passagen: Bizeps!
Ausgangspunkt: Cadino (214 m), 6 km südlich von Salurn an der Brennerstraße.
Gehzeiten: Gesamt 2 ½ Std.;

Zustieg und Ferrata 1 ¾ Std., Abstieg ¾ Std.
Highlights: Das Wasser! Aber Vorsicht: Nach starken Regenfällen kann's auch gefährlich werden.
Einkehr: keine.
Fototipps: Tolle Motive in der Schlucht, gutes Licht am Nachmittag.

Ein breites Asphaltband, ein Gasthaus, ein großer Parkplatz, Apfelplantagen dahinter, gegenüber ein dicht bewachsener Steilhang, aus dem ein paar mickrige Felsen hervorschauen: nicht unbedingt das Ambiente für einen richtigen Klettersteig. Aber keine Bange, sie ist bloß gut versteckt, die »Via attrezzata Rio Secco«: kein Schild an der Strada Statale und auch kein Hinweis darauf, dass »secco« mitunter gar nicht stimmt. In doppelter Hinsicht, denn beim kräfteraubenden Gang durch die romantische Klamm fließt fast immer Wasser. Weniger Geübten treibt die ziemlich verwegene Routenführung leicht den Angstschweiß auf die Stirn, im Sommer ist man bereits am Einstieg gut durchgeschwitzt. Und nasse Füßen gibt es möglicherweise auch noch, ein paar Spritzer bekommt man am »trockenen Bach« auf jeden Fall ab. Doch das ist ja der Clou dieser Ferrata; ganz ohne Nass, wenn der Rio wirklich »secco« ist, macht das Ganze höchstens halb so viel Spaß, garantiert!

➜ **Anfahrt** Von Salurn (226 m) auf der Brennerstraße durch die Salurner Klause und über die Provinzgrenze nach Cadino (214 m). Großer Parkplatz.

↑ **Via attrezzata Rio Secco**

Gegenüber dem Parkplatz, neben der kleinen Kapelle von Cadino, skizziert eine Tafel der SAT-Sektion San Michele all'Adige den Verlauf der Ferrata. Etwa eine Viertelstunde später steht man am Einstieg; freundlicherweise haben die Steigbauer hier eine Bank aufgestellt, was das Anseilen bequemer macht. Noch ein Schluck aus der Flasche – und los! Das erste Drahtseil leitet hinab in den Klammgrund, dann geht es gleich richtig zur Sache: im Salto dei Caprioi erst senkrecht und fast trittlos (Bizeps!) aufwärts, dann schräg an Fixseilen in die romantische Klamm. Man quert die Schluchtseite nach rechts, dann

Rechts: Steiler Klettersteigspaß: am Rio Secco.

3

folgt ein eher gemütliches Intermezzo, ehe die Route wieder in die Vertikale übergeht. Ab und zu bieten sich »Schießschartenblicke« hinaus ins sonnige Etschtal. Wer bereits genug hat, kann oberhalb der Passagio dei Gabbiani nach links aussteigen (Hinweis: »Rientro d'emergenza«). Zwei Steilaufschwünge, sparsam gesichert, führen in der Klamm zur Grotta della Mariota, wo man sich ins Routenbuch eintragen kann. Aufwärts mit kräftigem Armzug, dann um ein felsiges Eck herum zum Laghetto (Vorsicht: nasse Füße!) und zu einer weiteren Grotte. Man entsteigt ihr am straff gespannten Drahtseil über eine senkrechte Platte, *1³/₄ Std.* – geschafft!

↘ **Abstieg** Neben einem friedlich gurgelnden Bächlein, vorbei an den »ometti« (Steinmännchen), im Wald zu einer Weggabelung, an der man sich links hält (»Rientro attrezzato«). Die deutliche Spur führt über den steilen, felsdurchsetzten Hang zurück nach Cadino, mit ein paar Drahtseilen gesichert. An einer Steilstufe steht – wie rücksichtsvoll! – sogar eine Leiter.

Nicht immer trocken: die Ferrata Rio Secco.

Sentiero attrezzato Burrone-Giovanelli

Monte, 891 m
Naturspektakel hoch über Mezzocorona

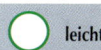

Routencharakter: Landschaftlich einmalige, wenig schwierige Route; Zustieg über zwei lange, nahezu senkrechte Leitern.
Ausgangspunkt: Picknickplatz an der Mündung des Meriabachs.
Gehzeiten: Gesamt 4 1/4 Std.; Burrone-Steig 1 3/4 Std., Höhenwanderung nach Monte 1/2 Std., Abstieg nach Mezzocorona und Rückweg 2 Std.

Highlights: Der untere Klammabschnitt: einfach überwältigend!
Dazu der ziemlich luftige Einstieg über die langen Leitern.
Einkehr: In Monte gibt es zwei Gasthöfe.
Fototipps: Leitern am Zustieg, Klammmündung und Schleierfall in der Schluchtmitte. Seilbähnchen mit Tiefblick.

leicht

 4 1/4 Std.

 670 m

Vor dem – fantastischen – Gang durch die Burrone-Schlucht sollte man einen Abstecher nach Mezzolombardo machen, am Ortsausgang Richtung Nonstal kurz anhalten und hinübergucken zu der Klamm.

Das macht dann so richtig heiß auf den Steig, denn eigentlich kann man sich überhaupt nicht vorstellen, dass durch diesen unglaublich schmalen, senkrecht nach oben laufenden Spalt ein Weg führt – und ein wenig schwieriger noch dazu. Stimmt aber, und bald ein Jahrhundert alt ist er auch schon, der »Sentiero Burrone-Giovanelli«, 1906 auf Initiative des Arztes Dr. Tullio Giovanelli angelegt. In jüngerer Zeit erhielt er dann noch einen recht spektakulären neuen Zustieg mit zwei langen und einer kurzen Leiter.

Für den Abstieg hat man die Wahl zwischen zwei Wegen: westlich auf einem teilweise unangenehm steilen Schottersträßchen (wenig lohnend) oder über Monte (891 m). Der etwas weitere Weg über das Terrassendörfchen lohnt sich allemal, denn beim anschließenden Abstieg auf der alten, kunstvoll an-

Tipp

Wer auf dem Weg von Mezzocorona zurück zum Ausgangspunkt der Runde hinaufschaut zu den Felsen, entdeckt unter gewaltigen Überhängen ein paar Mauerreste: die Ruine des **Castello di San Gottardo**. Bereits in der Bronzezeit diente der Platz als Fluchtburg, im Spätmittelalter kam er in den Besitz der Eppaner, und bis ins 18. Jahrhundert hausten Eremiten in dem (halbverfallenen) Felsennest. Man kann übrigens hinaufsteigen zur Burg; der (nicht markierte) Weg mündet zum Schluss in eine steile Steilrinne, durch die man sich – nach Wurzeln und Geäst angelnd – emporarbeitet.

gelegten Mulattiera genießt man stimmungsvolle Tief- und Ausblicke, hinab zur Etsch und talauswärts bis zum Bondone, der seinen stachelbewehrten Nordgipfel (Palòn, 2090 m) weit in den Himmel reckt.

➔ **Anfahrt** Von der Brenner-Autobahn, Ausfahrt »San Michele-Mezzocorona« nach Mezzocorona (219 m), durch den Ort und Richtung Mezzolombardo bis kurz vor die Brücke über den Noce. Hier rechts (kleiner Wegzeiger »Burrone«) und auf schmaler Asphaltstraße zu

Im Berg unterwegs: am Burrone-Steig.

dem Picknickplatz am Bergfuß. Parkmöglichkeit.

↑ **Sentiero attrezzato Burrone-Giovanelli**

Der Zugang zum Burrone verläuft über einen steilen, teilweise bewachsenen Felsvorbau. Bereits wenig oberhalb des Picknickplatzes gabelt sich der Weg. Klettersteigler gehen nach links (Hinweis: »difficile«). Die Spur führt über den Bach, dann hinauf zu einem ehemaligen Waal und um ein felsiges Eck herum zum untersten Wasserfall. Übers Wasser nach rechts und sehr luftig mittels zweier langer und einer kurzen Eisenleiter zum alten Zickzackweg. Etwa 200 Meter über dem flachen Talboden betritt man die Klamm – ein Übergang, wie man ihn sich krasser kaum vorstellen kann: aus dem trocken-steinigen Sonnenhang hinein ins kühle Halbdunkel einer vom Rauschen und Tosen des Wassers erfüllten Unterwelt. Zunächst einmal heißt es »Kopf einziehen!«, dann helfen Fixseile und drei Leitern über eine (oft feuchte) Steilstufe hinweg. Anschließend wandert man zwischen scheinbar himmelhohen Wänden, die nur wenig Licht hereinlassen, weiter »im Berg« aufwärts. Nach einigen Biegungen erweitert sich die Schlucht zu einem mächtigen Kessel, über dessen Rand ein prächtiger Schleierfall herab stiebt – vor allem am Nachmittag, wenn sich das Sonnenlicht in den Wassertropfen bricht, ein faszinierendes Naturschauspiel.

Oberhalb des stimmungsvollen Platzes, der zur Rast einlädt, wird die Klamm allmählich zum Engtal; das Felsgrau weicht dem Grün einer dichten Vegetation, der Horizont weitet sich nach und nach. Noch sind ein paar Aufschwünge zu überwinden – einmal mit Hilfe einer

langen Leiter –, dann steigt der Pfad im Wald hinauf zu der quer führenden Straße, *1 ³/₄ Std.*

↘ **Abstieg** Vorbei an der Hütte von Manzi (858 m) auf dem Sträßchen
angenehm schattig hinüber nach Monte (891 m). Wer hier ein bisschen zu tief ins Weinglas guckt, nimmt anschließend besser die Seilbahn für den Abstieg nach Mezzocorona; immerhin führt der alte,
kunstvoll angelegte Serpentinenweg ein paarmal ziemlich nahe ans
Steilgelände heran (Seilgeländer). Sehr schön aus der Vogelschau die
Dächerlandschaft des historischen Ortskerns, der sich eng an den Berg
schmiegt.

Die Burrone-Schlucht bei Mezzocorona.

5

Sentiero Clemente Chiesa

Val Scura; Monteróvere, 1255 m
Ein Ausflug in die Erdgeschichte

leicht

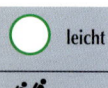

4 Std.
km

750 m

Routencharakter: Mehr anspruchsvolle Wanderung als echter Klettersteig, vor allem der romantischen Kulisse wegen lohnend. Auch mit Kindern ab zehn Jahren gut möglich, evtl. mit Sicherung (kurzes Seil).
Ausgangspunkt: An der ersten Kehre der ehemaligen »Kaiserjägerstraße«, gut 2 km südlich von Lévico Terme.

Highlights: Die Kulisse – Karl May lässt grüßen!
Gehzeiten: Gesamt 4 Std.; »Sentiero Chiesa« 2 ½ Std., Abstieg 1 ½ Std.
Einkehr: Albergo Monteróvere (1255 m), ganzjährig bewirtschaftet, lokale Küche.
Fototipp: Wasserkaskaden, bizarre Felsen im Val Scura.

Wer nicht weiß, wo es liegt, das »düstere Tal« (Val Scura), wird den engen Einschnitt südlich von Lévico Terme leicht übersehen – zu viel gibt es auf der Fahrt von Trento ins Val Sugana zu sehen. Da ist natürlich der Caldonazzo-See, eingebettet in Wald- und Wiesengrün, dann die Berge rundum, vor allem die Cima della Vezzana (1908 m) mit ihrem einst befestigten Burgfelsen.

Schade. Denn das Val Scura, mehr Schlucht als Tal, ist ein echtes Highlight der Gegend. Vom Wasser in Jahrtausenden geschaffen, liefert es heute als geologischer Aufschluss ein packendes Bild vom Werden und Vergehen der Berge – Geologie, Erdgeschichte zum Anfassen. Auch bei Kindern kommt da keinerlei Langeweile auf, hundert bunte Steine im Bachbett, am Geröllhang müssen aufgehoben, betrachtet werden. Grotesk verformte Gesteinsschichten belegen, was für Schubkräfte bei der Entstehung der Alpen wirksam waren; bizarre Sägezahnprofile, Felsausbrüche jüngeren Datums und mächtige Schuttkegel machen den unaufhaltsam voranschreitenden Abbau des Gebirges deutlich. Manche der skurrilen Felsen erinnern entfernt an menschliche Gestalten, und so verwundert es kaum, dass man früher munkelte, es handle sich dabei um versteinerte Hexen.

➔ **Anfahrt** Lévico Terme (505 m) liegt an der Strecke Trento – Val Sugana. Von der Ortsmitte, Bahnlinie und Schnellstraße (Ausfahrt) kreuzend, südwärts zur Mündung des Val Scura. Parkmöglichkeit an der Straße.

↑ **Sentiero Clemente Chiesa**

An der Rechtskurve (542 m) mit der rot-weißen Markierung »223« geradeaus ins Val Scura, zunächst auf einer Forstpiste, dann auf schmalem Weglein, das mehrfach die Bachseite wechselt. Zur Linken baut

sich der Monte Pegolara (1199 m) über seiner von Erosion gezeichneten Steilflanke auf, im Talinnern taucht bald ein Felszacken auf, der
den Weiterweg zu versperren scheint. In steilem Anstieg (Sicherungen)
gewinnt man den Mini-Sattel im Rücken dieses »Talwächters«; von einer nur wenig höher gelegenen Aussichtskanzel (ca. 1080 m) wird
auch der Blick in die obere Kammer der wildromantischen Schlucht
frei (schöner Rastplatz; Steigbuch). Nach kurzem Zwischenabstieg
(Drahtseil) passiert man eine wackelige Holzbrücke; gleich anschließend hilft eine Eisenleiter über einen Aufschwung hinweg. Grandios-
beklemmend die Szenerie: ringsum aufgetürmtes, buntes Gestein, bizarre Felszacken, viel Geröll. Der weitere Anstieg in diesem ziemlich
»beweglichen« Terrain gestaltet sich zwar etwas mühsam, da und dort
ist die Trasse abgerutscht, doch echte Schwierigkeiten bietet die Route
keine. Schließlich quert der »Sentiero Chiesa« unter einem stiebenden

5

Erdgeschichte zum Anfassen: im Val Scura.

5 Wasserfall nach links auf ein Geröllband (Drahtseil), dann geht es steil hinauf zum Rand des Abbruchs (ca. 1200 m). Im Wald flach taleinwärts, über den Rio Bianco und – vorbei an einem Sägewerk – hinauf zur Straße und zum Albergo Monteróvere (1255 m), *2 ½ Std.*

↘ **Abstieg** Dieser folgt im wesentlichen der ehemaligen »Kaiserjägerstraße«, wobei sich die weiten Schleifen der Straße abkürzen lassen, Markierung »202«.

Etwas wackelig, die betagte Konstruktion.

Sentiero attrezzato Giulio Gabrielli

Col Verde, 2568 m
Im Schatten der Cima d'Asta

Routencharakter: Landschaftlich sehr reizvolle Runde mit wenig Eisen, aber viel Aussicht. Zwei längere gesicherte Passagen am »Sentiero Gabrielli«: Eisenklammern, Drahtseile in bestem Zustand. Selbstsicherung für erfahrene Klettersteiger nicht notwendig. Wer zeitig aus den Federn kommt oder auf der Hütte übernachtet, kann die Cima d'Asta mit in die Tour einbeziehen (1 ¼ Std. von der Hütte, markiert).
Ausgangspunkt: Wanderparkplatz (1430 m) im Val Sorgazza.

Gehzeiten: Gesamt 6 ¼ Std.; Zustieg 2 ¼ Std., »Sentiero Gabrielli« 2 Std., Abstieg 2 Std.
Highlights: Die bizarre Kulisse am So-cede-Kamm.
Einkehr: Rifugio Cima d'Asta (Brentari, 2476 m), bewirtschaftet 20. Juni bis 20. September; Tel. 04 61/59 41 00.
Fototipps: Lohnende Actionmotive an dem Zackengrat, Tiefblick auf den Lago di Cima d'Asta; die Riesenschräge am Abstiegsweg.

Zwischen dem Fleimstal (Val di Fiemme) im Norden und dem Val Sugana im Süden liegt ein großer, einsamer Gebirgsraum mit der Cima d'Asta (2847 m) als höchstem Gipfel. Er entsendet nach allen Himmelsrichtungen ausladende, teilweise schroff-zerklüftete Fels-grate. An seinem südwestlichen Kamm, dem Cresta di Socede, gibt es seit 1972 ein gesichertes Steiglein, von der »Großen Scharte« (Forcella Magna) bis zur Forcella Socede: ein etwa zweistündiges Schau- und Kraxelvergnügen. Felsiges Terrain wechselt dabei immer wieder mit Gehgelände, mehrfach werden kleine Scharten tangiert bzw. überschritten.

➜ **Anfahrt** Über die Val-Sugana-Schnellstraße (Trento – Bassano del Grappa), Ausfahrt Strigno. Durch den Ort, dann via Bieno zu dem hübsch gelegenen Dorf Pieve Tesino (893 m). Am Ortsende links (Hinweis »Val Malene«) und auf schmaler, aber durchgehend asphaltierter Straße nördlich taleinwärts, vorbei an der Bar Malene (1112 m) bis zur Malga Sorgazza, 9 km von Pieve Tesino. Großer Wanderparkplatz (1430 m).

➚ **Zustieg** Zunächst auf breiter Schotterspur mäßig steigend im Val Sorgazza zur Talstation der Hüttenseilbahn (1647 m). Hier links und auf einem ehemaligen Kriegsweg in weiten Schleifen, zunächst noch teilweise schattig, hinauf in die Forcella Magna (2117 m).

⬆ **Sentiero Gabrielli**
Unmittelbar an der Scharte beginnt der Gratweg. Am schrofigen Rücken erst steil bergan, dann flacher zu einer Verzweigung. Nun links auf einem ehemaligen Kriegssteig in Kehren zu einer grünen Anhöhe

Schlüsselstelle des »Sentiero Gabrielli«: der mit soliden Eisenbügeln gesicherte Ausstieg aus einer Geröllrinne.

unter der Cima Tellina (2341 m). Hinter dem Gipfel leicht abwärts in die Forcella Tellina (2249 m), dann nach links zur Mündung eines wilden Grabens, über dem ein schlanker Felsturm, auffallend durch seine gelbe Färbung (Flechten), in den Himmel ragt. Hier beginnen die Sicherungen; an einem dicken Drahtseil steigt man über eine steile Felswand auf zu einer kleinen Kanzel. Dahinter im Geröll zwischen schroffen Felsen weiter zur nächsten Scharte, anschließend mit einigem Auf und Ab zum Eingang einer markanten Rinne. Nur ganz kurz in ihr aufwärts, dann an der linken Seite mit Hilfe von Eisenbügeln über fast senkrechte Felsen in leichtes Schrofengelände. Der deutlichen Wegspur folgend mehr oder weniger am Kamm zum Vorgipfel (2488 m) und weiter zum höchsten Punkt des zerklüfteten Socede-Grates, dem Col Verde (2586 m).

Am felsigen Kamm mit deutlichen Markierungen hinunter in den Passo Socede (2516 m), dann rechtshaltend zum Abfluss des Lago di Cima d'Asta (2451 m), in dessen Wassern sich die Südwand des Gra-

6

nitgipfels spiegelt, und kurz hinauf zum Rifugio Cima d'Asta (Ottone Brentari, 2476 m), *2 Std.*

⬇ **Abstieg** Von der Hütte kurz zurück, dann auf dem gut markierten Hüttenzustieg bergab. Er führt über eine riesige, vom Gletschereis glatt gehobelte Felsschräge steil hinunter zur verfallenden Capanna dei Pastori (2131 m). Dieser (bei Nässe heikle) Wegabschnitt kann auf einer etwas längeren Variante (»facile«) links umgangen werden. Weiter unter den bizarren Türmen des Socede-Kamms ins innerste Sorgazza-Tal, wo man auf den Weg zur Forcella Magna stößt. Auf dem Anstiegsweg zurück zum Wanderparkplatz bei der Malga Sorgazza.

Bizarre Granittürme sind charakteristisch für den Socede-Kamm.

7 Percorso attrezzato Carlo Guzzella

Monte Grappa, 1775 m
Aussicht und Rückblicke: ein Berg mit Geschichte

mittel

6½ Std.
km

1190 m

Routencharakter: Mäßig schwieriger Klettersteig an der Ostflanke des Monte Grappa. Viel Gehgelände, reichlich Geröll und ein paar wenige etwas anspruchsvollere Felspassagen. Lässt sich gut mit dem »Sass-Brusai-Klettersteig« verbinden; in diesem Fall wird man den »Percorso attrezzato Carlo Guzzella« im Abstieg begehen. Gesamtgehzeit etwa 8 Std.
Ausgangspunkt: San Liberale (589 m) im Tal des Làstego-Bachs, 5 km von Quattro Strade.
Gehzeiten: Gesamt 6 ½ Std.; Zustieg 2 Std., Klettersteig 2 Std., Abstieg 2 ½ Std.

Highlights: Malerische Felskulisse am Napon, Panorama vom Gipfel des Monte Grappa. Im Frühsommer: Blumen, Blumen!
Einkehr: Rifugio Bassano (1745 m), bewirtschaftet Mai bis Anfang November; Tel. 0423/53101.
Fototipps: Die felsige Kulisse des Napon bietet gute Motive, auch mit Klettersteiglern; im Frühsommer entdeckt man allerlei botanische Raritäten. Und als Kontrast: die Monumentalarchitektur am Gipfel, das Touristengewusel.

Monte Grappa 1917/18: Nach dem Zusammenbruch der Isonzofront war er letztes Bollwerk vor der oberitalienischen Tiefebene. Trotz schwerster Angriffe gelang den k. u. k.-Truppen aber kein Durchbruch.

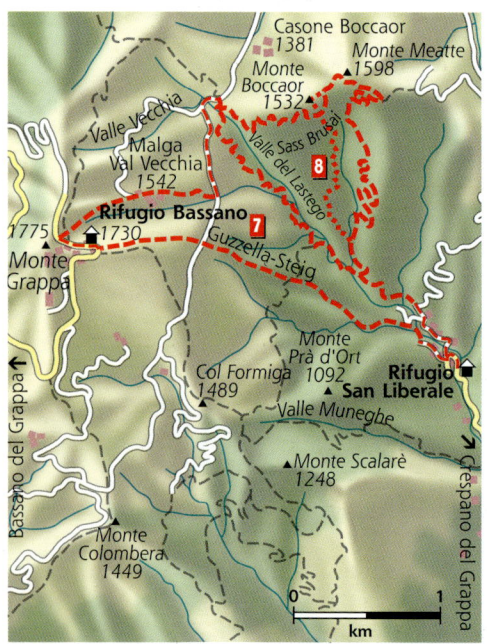

Wer heute, mehr als drei Generationen später, am Monte Grappa unterwegs ist, stößt überall auf Spuren des blutigen Ringens: Nachschubwege und -straßen, deren Netz den ganzen Gebirgsstock überzieht, verfallene Unterstände, Bombentrichter, Kavernen und Schützengräben. Der (unschuldige) Berg trägt zudem seit den dreißiger Jahren eine monumentale Gedenkstätte, das Sacrario del Monte Grappa. Da fühlt sich dann mancher Bergsteiger ziemlich fehl am Platz; zu deutlich atmet die in Stein gegossene Verherrlichung all der Kriegsgräuel jenen Geist, der schon wenige Jahre später das nächste Weltinferno entfesseln sollte …

7

So schaut man besser ins Weite; hinaus über das flache Land bis zur Adria geht die Aussicht, und am nördlichen Horizont stehen die Berge tief gestaffelt, vom Adamello bis zu den Julischen Alpen. Am schönsten ist der Blick in die Dolomiten, für einmal von Süden, und aus dieser Perspektive ist so mancher berühmte Zacken nicht ohne weiteres zu erkennen.

Der »Percorso attrezzato Guzzella« vermittelt einen landschaftlich sehr reizvollen, allerdings recht langen (und im Sommer auch heißen) Zustieg zum Monte Grappa. Das große Panorama bietet eher der Herbst; im Frühling und Frühsommer blüht es dafür an den Wiesenhängen besonders üppig. Unter den vielen Farbtupfern am Weg finden sich auch ausgesprochene Raritäten wie die endemische Krainer Lilie (Lilium carniolum) sowie der Frauenschuh (Cypripedium calceolus).

Wer mag, kann sich oben in die Ausflüglerkolonnen einreihen und nebst Ossario und Museum auch die unterirdischen Stellungen besichtigen (Galleria Vittorio Emanuele III).

→ **Anfahrt** Von Feltre bzw. Bassano del Grappa über Paderno del Grappa. Bei Quattro Strade (Kreuzung, 337 m) signalisierte Abzweigung der Straße, die über Fietta (380 m) nach San Liberale führt; insgesamt knapp 20 km von Bassano del Grappa. Großer Parkplatz.

↗ **Zustieg** Auf dem asphaltierten Sträßchen noch ein Stück taleinwärts, dann links (Wegzeiger) in einen Graben. Man verlässt die Forstpiste bald nach rechts und folgt dem Steiglein, das an einem bewaldeten Rücken steil gegen die mit vielen Zacken und Türmchen besetzte Felsflanke des Napon hinaufzieht. Bei der 1000-m-Höhenmarke kreuzt der Weg 102, gut eine halbe Stunde später ist der Einstieg erreicht (ca. 1220 m, Tafel).

↑ **Percorso attrezzato Carlo Guzzella**

Ein langes Drahtseil macht den Auftakt der Ferrata, dann folgen im Wechsel kurze Gehpassagen mit weiteren gesicherten Abschnitten. Malerisch-verwunschen zeigt sich die Felskulisse; das Gestein ist allerdings ziemlich brüchig, deshalb: sauber gehen, keine Steine ablassen! Nach gut halber Wegstrecke kreuzt der Klettersteig eine mittlerweile asphaltierte ehemalige Militärstraße (ca. 1420 m), die quer durch die Ostflanke des Monte Grappa in das Valle delle Mure führt. Hier kann man die Tour – etwa bei einer Wetterverschlechterung – abbrechen (15 Min. zum Pian della Bala).

Am »Percorso attrezzato« folgt eine kurze, senkrechte Felsstufe, die man mit Armzug meistert. Der anschließende steile Grashang ist ebenfalls mit Drahtseilen gesichert; in einem kurzen, etwas kniffligen

7

Kamin (»Wandbuch«) heißt es nochmals kräftig zupacken, bevor die Route über einen Gratrücken auf die Almweiden der Pra Gallina ausläuft (ca. 1600 m). Über die Wiesen gemütlich zum bereits sichtbaren Rifugio Bassano (1745 m), *2 Std.*

↘ **Abstieg** Ein mit 151 bezeichneter Weg führt von der Hütte über die Malga Val Vecchia (1542 m) hinab zu der bereits erwähnten ehemaligen Kriegsstraße, über die man rasch den Pian della Bala erreicht (1381 m). Hier rechts (Wegzeiger) auf einem ehemaligen Militärweg in zahllosen Kehren mit Aussicht zum Sass Brusai hinab ins Val del Làstego und zurück nach San Liberale.

Schlüsselstelle am »Guzzella-Klettersteig«.

Percorso attrezzato Sass Brusai

Monte Boccaòr, 1532 m
Steile Route mit finalem Gag

schwie-rig

5½ Std.
km

940 m

Routencharakter: Anspruchsvolle, bloß mit Drahtseilen gesicherte Route in steilem, teilweise exponiertem Felsgelände; die Hängebrücke kann umgangen werden. Im Sommer heiß und trocken – also früh einsteigen und ausreichend Getränke mitnehmen. Keine Hütte unterwegs!
Ausgangspunkt: San Liberale (589 m) im Tal des Làstego-Bachs, 5 km von Quattro Strade.

Gehzeiten: Gesamt 5 ½ Std.; Zustieg 1 ¾ Std., Klettersteig 1 ¾ Std., Abstieg 2 Std.
Highlights: Die Hängebrücke, dazu schöne Kletterpassagen am Grat.
Einkehr: Rifugio San Liberale (589 m) am Ausgangspunkt der Tour.
Fototipps: Gute Actionmotive an der Route, dann natürlich die Hängebrücke! Im Frühsommer üppige Flora am Sass Brusai.

Etwas mehr Distanz zum Denkmalgipfel hält der »Sass-Brusai-Klettersteig«, doch sieht man sich auch hier mit der Geschichte konfrontiert: Zu- und Abstieg folgen teilweise ehemaligen Militärwegen, rund um den Monte Boccaòr und am Pian della Bala stößt man auf verfallene Schützengräben, und die berühmte Dreiseilbrücke überspannt die Trasse einer alten Kriegsstraße. Insgesamt bietet die Route aber ein überraschend alpines Klettersteigerlebnis, das auch erfahrene »Ferratisti« begeistern wird, besonders natürlich der finale Gag des Steigs. Notéz bien: Es handelt sich dabei um die erste und damit älteste Dreiseilbrücke an einem alpinen Klettersteig. Die Franzosen »entdeckten« diese Art von Nervenkitzel erst ein Vierteljahrhundert später!

➔ **Anfahrt** Von Feltre bzw. Bassano del Grappa über Paderno del Grappa. Bei Quattre Strade (Kreuzung, 337 m) signalisierte Abzweigung der Straße, die über Fietta (380 m) nach San Liberale führt; insgesamt knapp 20 km von Bassano del Grappa.

↗ **Zustieg** Auf dem asphaltierten Sträßchen gegen das Val del Làstego (Wegzeiger), dann kurz rechts mit Weg 153 bergan zur Abzweigung des Klettersteig-Zustiegs (Schild »Ferrata Sass Brusai«). Die deutliche, mit roten Punkten bezeichnete Spur leitet an dem bewaldeten Hang zunehmend steiler aufwärts, zuletzt sehr steil gegen einen schmalen Grat. An ihm über leichte Felsstufen zum Einstieg mit Tafel (ca. 1160 m).

↑ **Percorso attrezzato Sass Brusai**
Die Via ferrata überwindet am Südgrat des Sass Brusai einen Höhenunterschied von etwa 350 Metern. Sie ist allerdings nicht durchgehend gesichert, da, bedingt durch die Topographie, auf felsige Steilpassagen

8 jeweils flachere Wegabschnitte folgen. So hat man Gelegenheit zu verschnaufen und die hübschen Tiefblicke ins San-Liberale-Tal zu genießen. Rasant gleich der Auftakt, eine fast senkrechte Wandstufe, die in eine Rinne mündet. Wer sich hier überfordert fühlt, kehrt besser um, folgen im weiteren Verlauf doch noch ähnlich anspruchsvolle Passagen! Die jüngst erneuerten, straff gespannten Drahtseile laufen über die »Pilastrini« (Pfeilerchen), über die »Rampa dei Borsai« (mit Borsai bezeichnen die Einheimischen das Schafschwingelgras), immer wieder mit kurzen Gehpassagen dazwischen. Teilweise recht ausgesetzt und steil geht's weiter zur »Sella del Candiato«, wo man sich in das Routenbuch eintragen kann. Schwierig über den Aufschwung des »Salt della Mazzetta«, dann weniger steil zum besonderen Gag der

Gleich zum Auftakt muss man am »Sass-Brusai-Klettersteig« kräftig zupacken.

Ferrata: In luftiger Höhe überspannt eine etwa acht Meter lange Drei- *Nur für*
seilbrücke den ehemaligen Nachschubweg an der Südflanke des *absolut*
Monte Boccaòr. Exponiert auch der Zustieg an dem talseitigen Fels- *Schwindel-*
kopf, gleich nach dem Gang am Hochseil folgt nochmals eine steile *freie: die*
Felsstufe, dann überspringt man wie weiland Tell einen Felsspalt. Letz- *Dreiseil-*
tes Hindernis am Weg zum Gipfel ist dann ein fast senkrechtes, trittar- *brücke am*
mes Wandl; eine schmale Spur leitet schließlich zum höchsten Punkt *Sass Brusai.*
des Sass Brusai (Monte Boccaòr, 1532 m), *1 3/4 Std.*

↘ **Abstiege** Östlich über Wiesen hinunter in die Sella delle Mure
(1500 m), dann auf der breiten Mulattiera in leichtem Gegenanstieg
unter dem Monte Maette (1598 m) hindurch zu einer Weggabelung
(Tafel). Hier rechts und auf dem alten Kriegssteig über viele Schleifen
hoch über einem wilden Graben hinunter ins Valle di San Liberale.
Zuletzt auf der Straße zurück zum Ausgangspunkt.
Alternativ kann man auch auf dem aussichtsreichen Nachschubweg
westwärts hinab in die Senke am Pian della Bala (1381 m) wandern.
Nun links und auf einem etwas steinigen, aber sehr schön angelegten
Weg in zahllosen Serpentinen hinab ins San-Liberale-Tal.

9 Sentiero Giordano Bertotti

Croce del Chegùl, 1244 m – La Marzola, 1738 m
Auf den »Rigi des Trentino«

Croce del Chegùl

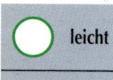 leicht

 2¾ Std.

 510 m

La Marzola

 leicht

 5½ Std.

 900 m

Routencharakter: Leichter gesicherter Steig, lohnend vor allem in Verbindung mit einer Besteigung der Marzola, wodurch sich eine landschaftlich sehr abwechslungsreiche Tagestour ergibt.
Ausgangspunkt: An der Straße vom Passo Cimirlo zum Rifugio Maranza.
Gehzeiten: Gesamt 5 ½ Std.; »Sentiero Bertotti« – Chegùl 1 ¼ Std., Anstieg zur Marzola 2 Std., Abstieg zum Rif. Maranza 1 ¼ Std., Rückweg 1 Std.
Highlights: Lange Leiter, Tiefblicke auf Trento, Panorama.
Einkehr: Rifugio Maranza (1103 m), ganzjährig bewirtschaftet.
Fototipp: Bei klarer Sicht schöner Blick über das Etschtal auf die Brentazinnen.

Dass Trento, Provinzhauptstadt mit gut 100 000 Einwohnern, bei der Umfrage nach der lebenswertesten Stadt Italiens schon einmal auf Platz eins landete, hat – wenn auch mehr am Rand – mit seiner schönen Lage im Etschtal zu tun. Das tägliche Verkehrsgewusel wird Besucher mit einem »D« am Autoheck eher abschrecken, aber das gehört nun mal zur Lebensweise jenseits der Alpen; entschieden einladender wirken die Gipfel rundum. Calisio, Marzola, Vigolana, Bondone heißen die vier Bergstöcke, die sich um die Stadt gruppieren: grün und etwas schmächtig der Monte Calisio (1096 m) im Nordosten, schon einiges höher die Marzola (1738 m). Ihrer freistehenden Lage wegen wird sie mitunter als »Rigi des Trentino« bezeichnet, nicht ganz zu Unrecht, bietet der Gipfel doch eine stimmungsvolle, weite Rundschau, dazu schöne Tiefblicke auf Trento, ins Val Sugana und auf den Lago di Caldonazzo.

Die Marzola ist fast so hoch wie der Schweizer Rigi, da fehlen nur gut fünfzig Meter. Bergbahnen gibts hier allerdings keine; wer hinauf will, muss also zu Fuß gehen. Am schönsten ist eine Überschreitung des Bergstocks, und für den Aufstieg bietet sich dann der »Sentiero attrezzato Giordano Bertotti« an: kein richtiger Klettersteig, aber ein hübsches Weglein mit ein paar Sicherungen. Wer nur aufs Eisen aus ist, kann hinter dem Croce del Chegùl (1244 m) gleich wieder talwärts abbiegen, bei schönem Wetter sollte man die Tour aber gipfelwärts fortsetzen – zur großen Aussicht.

➔ **Anfahrt** Für Ortsunkundige nicht ganz leicht zu finden! Vom Stadtzentrum zunächst Richtung Pèrgine – Val Sugana, dann rechts hinauf nach Pantè und Sprè, zwei Ortschaften in schöner Hanglage östlich über Trento, weiter auf kurvenreicher und schmaler Asphaltstraße in

9

den Passo Cimirlo (733 m). Wer nur bis zum Croce del Chegùl will, stellt hier sein Fahrzeug ab. Bei einer Überschreitung des Marzola-Stocks: knapp 2 km weiter bis zu einer Parknische an dem Schotter-sträßchen (ca. 850 m).

↑ **Sentiero Bertotti**

Kurz auf der Straße weiter, vorbei am ersten Abzweig, beim zweiten mit der Nummer 418 links. Das Weglein schlängelt sich durchs Unter-holz bergan, es führt über kleine Felsstufen und peilt dann einen schmalen Grat an. Durch eine steile Rinne aufwärts zu einer Felswand (Drahtseil). Hier links und über eine lange Leiter auf den abgeflachten Rücken des Chegùl. Auf solider Brücke über einen tiefen Felsspalt, dann in leichtem Auf und Ab zum Spiazzo de le Patate (1332 m), wo

Am Chegùl, hoch über dem Tal der Etsch.

Die Felsen des Chegùl. man auf den vom Passo Cimirlo heraufkommenden Weg, Markierung »411«, stößt, *1 ¹/₄ Std.*

↗ La Marzola

Rechts im Wald aufwärts, vorbei an ein paar Felskavernen aus dem Ersten Weltkrieg, die zu originellen Wochenendhütten umgebaut worden sind, dann für ein paar hundert Meter auf einer Sandstraße. Der Doss dei Corvi (1474 m) wird rechts umgangen; gleich dahinter bietet sich ein toller Tiefblick auf den Lago di Caldonazzo. Weiter auf einer Mulattiera rechts des Kamms bergan, unter dem Nordgipfel (1738 m; Abstecher, 10 Min.) hindurch und hinauf zum kreuzgeschmückten Südgipfel (1735 m) mit großem Panorama.

↘ Abstieg

Zunächst südlich über schrofendurchsetzte Wiesenhänge abwärts, dann rechts steil hinunter in den Wald zum Bivacco Bailoni (1560 m). Weiter schattig über die Westflanke der Marzola, zuletzt auf einem Fahrweg, bergab zum Rifugio Maranza (1103 m), dann auf der Schotterstraße zurück zum Ausgangspunkt der Runde.

Sentiero attrezzato Pero Degasperi

Palòn-Nordgrat, 1950 m
Tour der Gegensätze hoch über Trento

10

Routencharakter: Recht anspruchsvoller Klettersteig mit langem (landschaftlich sehr reizvollem) Zustieg. Im Frühling/Frühsommer in den Steilrinnen oft gefährlich harter Altschnee!
Ausgangspunkt: Baita Montesel (1475 m) an der Bondonestraße, 18 km von Trento.

Gehzeiten: Gesamt 4 Std.; Zustieg 1 ³/₄ Std., »Sentiero Degasperi« 1 ¹/₂ Std., Abstieg ³/₄ Std.
Highlights: Im Frühsommer Blumenpracht am Zustieg, schöne Kletterstellen.
Einkehr: Keine.
Fototipp: Tiefblicke von der Ferrata auf Trento, gutes Licht am Vormittag.

schwierig

4 Std.

600 m

Der Bondone ist ein Berg mit mehreren Gesichtern: einem sanftgrünen, einem romantischen – und einem hässlichen. Das schaut nach Norden, ist stark verbaut und im Winter ein beliebtes Skirevier. Dann surren die Lifte, und auf den Pisten herrscht ein ziemliches Gewusel, alle Parkplätze sind voll: der Bondone als Vorort von Trento. Ganz anders die Ostflanke, felsig, steil in den wilden Graben des Valle delle Gole abfallend. Da schaut man hinab ins Etschtal, auf Fabrikdächer und Straßenasphalt, weniger als fünf Kilometer weit – was für Kontraste!

Davon lebt der »Degasperi«: Zunächst führt er in einsame, urtümliche Bergwinkel, fast ein Naturlehrpfad (vor allem im Frühsommer, wenn alles blüht), dann wandelt er sich zur rassigen Ferrata, und zuletzt wird man sich beim Abstieg übers Pistengelände so seine Gedanken machen über das Verhältnis zwischen dem Homo ludens und der Natur. Er hat halt mehr als ein Gesicht, der Bondone ...

➜ **Anfahrt** Bei der Ausfahrt »Trento Centrale« von der Autobahn, dann Richtung Lago di Garda und nach zwei Kilometern links auf die Bondone-Straße. Über Sardagna (573 m), Candriai und Vaneze (1301 m) bis zur Baita Montesel (1475 m). Großer Parkplatz.

➚ **Zustieg** Auf breiter Spur leicht aufwärts zu dem Wiesensattel (ca. 1525 m) im Rücken des Monte Vason (1581 m), dann rechts in die steilen, von zahlreichen Gräben und Rinnen durchzogenen Ostabstürze des Montesel (1729 m). Das Weg-

Palòn

Am »Degasperi-Steig«.

lein quert sie, an einigen Stellen mit Sicherungen versehen, zunächst fast horizontal, dann allmählich an Höhe verlierend. Unter der mächtigen Wand des Cornetto di Mugon (1931 m) über einige Serpentinen hinauf zum Einstieg (Tafel).

↑ **Sentiero attrezzato Pero Degasperi**

Drahtseile leiten steil auf ein Felsband, das, teilweise überdacht, nach links zu einem kleinen Latschensattel führt. Hier bietet sich ein stimmungsvoller Tiefblick ins Etschtal; gleichzeitig ist auch der Verlauf der Ferrata gut zu überblicken, die einem wenig ausgeprägten Pfeiler folgt. Zunächst recht harmlos über gestufte, teilweise mit Krummholz bewachsene Felsen ansteigend, gewinnt sie nach und nach an Steilheit. Erfahrene genießen die Kletterei am Fixseil, weniger Geübte geraten hier leicht in Versuchung, zu viel Armzug einzusetzen. Durch eine trittarme Verschneidung arbeitet man sich hinauf zu einem kleinen Überhang. Das straff gespannte Seil weist vertikal nach oben, garantiert sicheren Halt, bietet aber auch die einzige Möglichkeit, über den Felswulst hinwegzukommen. An diese Schlüsselstelle schließt eine weitere, sehr steile Verschneidung an, dann quert man nach rechts zu einem Leiterchen – geschafft!

Der Weiterweg, obwohl teilweise noch gesichert, bietet keine vergleichbaren Schwierigkeiten mehr. Unter einem Felsen entdeckt man das »Libro della via«, und wenig später ist der Grat gewonnen (ca. 1950 m). Den Abstecher zum Riesenstachel am Palòn (2090 m) kann man sich getrost schenken – der Blick hinüber zu den Brentazinnen ist vom Gipfel aus auch nicht schöner, *1 ¹/₂ Std.*

10

↘ **Abstieg** Nordwärts über die Skipisten bzw. einen alten Militärweg hinunter zur Baita Montesel.

Im Tal der Etsch: Trento.

11 Via attrezzata Giulio Segata

Dos d'Abramo, 2140 m
Eine stark »zugige« Angelegenheit

extrem
schwierig

4¼ Std.

630 m

Routencharakter: Reiner Kraftakt am straff gespannten Drahtseil, insgesamt etwa 100 (senkrechte) Höhenmeter, nach den ersten 20 Metern Horizontalband (und Rückzugsmöglichkeit). In der Schwierigkeit mit der »Via Pisetta« vergleichbar, bloß viel kürzer.
Ausgangspunkt: Parkplatz (ca. 1540 m) am Eingang ins Val del Merlo.
Gehzeiten: Gesamt 4 ¼ Std.; Val del Merlo – Cima Verde – Einstieg 2 ¼ Std., »Via Segata« ½ Std., Abstieg 1 ½ Std.
Highlights: Im Frühsommer die Blumenpracht, die beiden Felslöcher an der »Segata«.
Einkehr: Rifugio Viote (1540 m).
Fototipp: Gutes Licht hat man an der »Via Segata« nur am Vormittag. Evtl. Blitz verwenden.

Im Gegensatz zum Palòn, dessen Nordflanke dem Skizirkus geopfert wurde, blieben die Tre Cime del Bondone von allzu gravierenden touristischen Eingriffen verschont. Das zwischen Cornetto (2180 m), Dos d'Abramo (2140 m) und Cima Verde (2102 m) eingebettete Hochtal (Val Mana) steht sogar unter Naturschutz; überhaupt ist die Gegend ungewöhnlich reich an erdgeschichtlichen und archäologischen Spuren. Findlinge, vor Jahrtausenden hier abgelagert, belegen eindrucksvoll die Mächtigkeit des eiszeitlichen Etschgletschers; verschiedene Funde weisen auf die Anwesenheit neolithischer Jäger und Sammler hin. Ein Dorado für jeden Blumenfreund ist die Schutzzone Val Mana; hier entdeckt man nicht nur zahlreiche Kostbarkeiten der Alpenflora wie Pfingstrosen (Paeonia officinalis), Steinbrecharten (Saxifraga), Schweizer Mannsschild (Androsace helvetica), Schopfige Teufelskralle (Physoplexis comosa) und Türkenbund (Lilium margaton), sondern auch einige endemische Pflanzen, u. a. aus der Familie der Ehrenpreise (Veronica).

Ein Biotop für sich ist das etwa zwanzig Hektar große Hochmoor am Eingang ins Manatal, und im Alpenblumengarten von Viote kann man sogar außereuropäische Gebirgsblumen bewundern.

All dies mag dem Klettersteigler, der die zwar kurze, aber extrem schwierige »Via Segata« begehen möchte, den Blick auf weitere interessante Aspekte des Bergsteigens öffnen. Wer nur aufs Drahtseil guckt, degradiert die Alpen zum Sportgerät und bringt sich um die schönsten Erlebnisse!

➜ **Anfahrt** Das Hochplateau von Viote erreicht man über die »Bondone-Höhenstraße«, 26 km von Trento, 20 km von Lasino bis zur Stra-

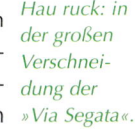

ßenkreuzung (1560 m) unweit des Rifugio Viote. Hier knapp einen Kilometer Richtung Garniga, dann rechts auf einem Sandsträßchen zum Parkplatz am Eingang ins Val del Merlo (ca. 1540 m).

↗ **Zustieg** Auf dem Weg »636« aufwärts gegen das Val Mana, dann am Nordrücken der Cima Verde (2102 m) bergan und zwischen Latschen zum Gipfel. Am Grat mit leichtem Höhenverlust hinüber zum Dos d'Abramo (2140 m), wo der »Sentiero Coraza« (⇨ Tour 12) mündet (Wegzeiger). Kurz abwärts und auf schmaler Spur am Felsfuß zum Einstieg auf der Südseite.

↑ **Via attrezzata Giulio Segata**

Die gesicherte Route ist zwar recht kurz, bietet aber trotzdem ein nachhaltiges (und Kraft raubendes) Ferrata-Erlebnis. Spektakulär bereits der Auftakt, der senkrecht bis leicht überhängend am straff gespannten Drahtseil durch ein Felsloch führt. Über steile Felsen anstrengend auf ein komfortables Band. Kurz nach rechts (Zwischenausstieg möglich) zum Ansatzpunkt einer vertikalen 40-Meter-Verschneidung, die auf eine winzige Terrasse mündet. Durch einen

Hau ruck: in der großen Verschneidung der »Via Segata«.

engen Schacht gewinnt man nach einer weiteren überhängenden Passage schließlich das ausgedehnte Gipfelplateau. Das große Eisenkreuz steht etwas weiter weg auf der Nordkuppe des Dos d'Abramo.

↘ **Abstieg** Auf guter Spur geht es hinüber zum Südgipfel (2140 m) und im Zickzack abwärts zu einer Steilrinne, die mit Drahtseilen und ein paar Eisenbügeln entschärft ist. Hinunter zur namenlosen Scharte (2078 m) unter dem Cornetto.

Geschafft! Am Ausstieg der »Via Segata«. Rechts durch die schrofige Nordflanke des höchsten Bondone-Gipfels, dann mit viel Aussicht am Kamm abwärts gegen die Costa dei Cavai, Markierung 607. Über den Rücken hinunter zum Parkplatz an der Mündung des Val del Merlo.

Sentiero del Coraza und Sentiero dei Sparavei

12

Dos d'Abramo, 2140 m
Große Runde in großartiger Landschaft

Routencharakter: Anstrengende, landschaftlich einmalige Überschreitung: wenig Eisen, viel Natur. Gute Kondition unerlässlich, lässt sich mit der »Via Segata« kombinieren.
Ausgangspunkt: Pietra (708 m), Weiler der Gemeinde Cimone oberhalb von Aldeno.
Gehzeiten: Gesamt 8 Std.; »Sentiero Coraza« – Dos d'Abramo 5 Std., Abstieg über den »Sentiero dei Sparavei« 3 Std.

Highlights: Die phantastische Felskulisse am »Sentiero Coraza«, die Blumenpracht des Frühsommers.
Einkehr: Malga Albi (1264 m), im Sommer bewirtschaftet.
Fototipps: Der Aufstieg über den »Sentiero Coraza« bietet zahllose spannende Motive. Tiefblicke vom »Sentiero dei Sparavei« durch das Val della Lengua.

leicht

8 Std.

1450 m

Man kann den Dos d'Abramo auch anders besteigen, nicht am senkrecht verlaufenden Drahtseil, nicht von halber Höhe, sondern aus dem Tal. Das ergibt dann eine große Runde mit wenig Eisen, dafür mit unvergleichlichen Landschaftseindrücken. Ein Blick von Aldeno hinauf in die Ostabstürze der Tre Cime del Bondone genügt bereits, um eines klar zu machen: Das wird ein langer Weg. Und ein toller dazu, allerdings keiner für die »Eisenfresser« der Zunft, denn der »Sentiero Coraza« schlängelt sich, an zwei Stellen bloß gesichert, durch diesen vermeintlich total unwegsamen Felsabbruch. Er nutzt jede »Schwachstelle« des Geländes optimal, steigt über felsige Rippen, nimmt da eine Rinne, läuft dort über ein schmales Band und gewinnt dabei immer weiter an Höhe, bis man schließlich staunend auf den Blumenwiesen unter den Gipfelfelsen des Dos d'Abramo (2140 m) steht. Und wer jetzt noch nicht müde gelaufen ist, kann sich ja immer noch ans Drahtseil der »Via Segata« hängen (⇨ Tour 11).

12

→ **Anfahrt** Aldeno (212 m) liegt südlich von Trento im Etschtal. Am besten erreicht man den Ort von der Umfahrungsstraße: im Süden der Stadt rechts über die Etsch nach Ravina und am Fuß des Bondone weiter nach Aldeno, 11 km. Vor dem Ort rechts aufwärts nach Cimone, 6 km bis zum Weiler Pietra (708 m). Kleiner Parkplatz im Dörfchen.

↑ **Sentiero del Coraza.** Oberhalb von Pietra auf einem Asphaltsträßchen nach rechts (Tafel) und dann in einem weiten Linksbogen zur Wasserfassung an der Mündung des Val Spagnolli. Kurz in dem Graben aufwärts, im Wald links steil bergan zum (verwahrlosten) Biwak Fratta (1135 m). Hinter der Hütte ziemlich direkt am bewaldeten Hang weiter bergan, dann in einen Graben. Man quert ihn nach links (ca. 1450 m) und steigt anschließend im Zickzack an einem mit Latschen bewachsenen Rücken aufwärts. Die gut markierte Spur leitet zurück in die Geröllschlucht (Drahtseil), dann gerade hinauf zu einem Wegzeiger. Er weist nach rechts auf ein bequemes Band unter senkrechten Felsen. Das Weglein umgeht sie rechts an einem Schrofenhang, leitet dann wieder nach links in eine Steilrinne (Drahtseil). Sie führt auf das große Terrassenband »Stel del Coraza« (ca. 1900 m). Nun unter den Gipfelfelsen der Pala Granda (2017 m) nach links in einen abschüssigen Graben, der etwas heikel gequert werden muss (abdrän-

Die grandiose Felskulisse des »Sentiero Coraza«.

12

Tipp

Gelegentlich schießen die italienischen Wegbauer ja auch etwas übers Ziel hinaus. Ein treffliches Beispiel ist der Monte Biaena (1615 m), der sich im Winkel zwischen Rovereto und Mori erhebt. Ein vergleichsweise harmloser Felsaufschwung an seinem Nordgrat wurde mit einer Eisenkonstruktion umgangen, die weit mehr an einen Fußgängerübergang als an einen Wanderweg erinnert. Die Gipfeltour lohnt sich übrigens trotzdem, knapp 3 Stunden vom Passo Bordala (1253 m); Aufstieg über die Ostflanke, Abstieg am Nordgrat, bemerkenswerte Aussicht aufs Etschtal.

gende Stelle, keine Sicherungen). Weiter auf dem Band leicht abwärts gehen bis zur nächsten Rinne. Noch vor der Bait del Coraza (ca. 1850 m) über leichte Felsen hinauf zu den Wiesenhängen unterhalb des Dos d'Abramo. Am Kreuz der Pala Granda vorbei bis zu dem querführenden Weglein am Felsfuß.

↗↘ Dos d'Abramo (2140 m)
Die Spur leitet zunächst zum Einstieg der »Via Segata« (⇨ Tour 11), dann weiter in den namenlosen Sattel (2078 m) zwischen Cornetto (2180 m) und Dos d'Abramo. Hier rechts aufwärts, an soliden Sicherungen (Drahtseil, Haken) durch eine Steilrinne und über einen Schrofenhang auf guter Spur zum Gipfel. Zwischen Latschen (und zahllosen Enzianen im Frühling) über das abgeflachte »Dach« des Dos d'Abramo. Das Kreuz steht auf der Nordkuppe. Der Abstieg, ebenfalls mit Drahtseilen gesichert, führt durch eine Rinne hinunter auf ein horizontales Band. Man folgt ihm (Drahtseile) nach links bis zum Felsfuß. Hier mündet der »Sentiero del Coraza«. Nun am Grat entlang und kurz bergan zur Cima Verde (2102 m), dem dritten Bondonegipfel (Tre Cime).

↘ Sentiero dei Sparavei
Ein bisschen Eisen, vor allem aber nochmals packende Landschaftsbilder bietet der Abstieg über den »Sentiero dei Sparavei«; jetzt schaut man hinein und hinunter in jenes Felslabyrinth, durch das der »Sentiero del Coraza« ansteigt. Zunächst im Links-rechts-Takt am grasigen Ostrücken zu einem Felsabbruch. Am Drahtseil durch eine harmlose Rinne, dann auf einem Band nach rechts und steil, aber gut gesichert etwa fünfzehn Meter abwärts. Nun, begleitet von packenden Tiefblicken, am Rand des Abbruchs entlang. Schließlich taucht das Weglein ein in den Wald; vorbei an dem Forsthaus von Sparavei (1502 m) wandert man hinab zur Malga Albi (1264 m).
Der weitere Abstieg ist nicht mehr markiert! Zunächst auf der Almstraße über zwei Kehren abwärts, dann rechts, an ein paar Häusern vorbei, auf einer breiten Mulattiera bergab. Oberhalb von Pietra stößt man wieder auf den Anstiegsweg.

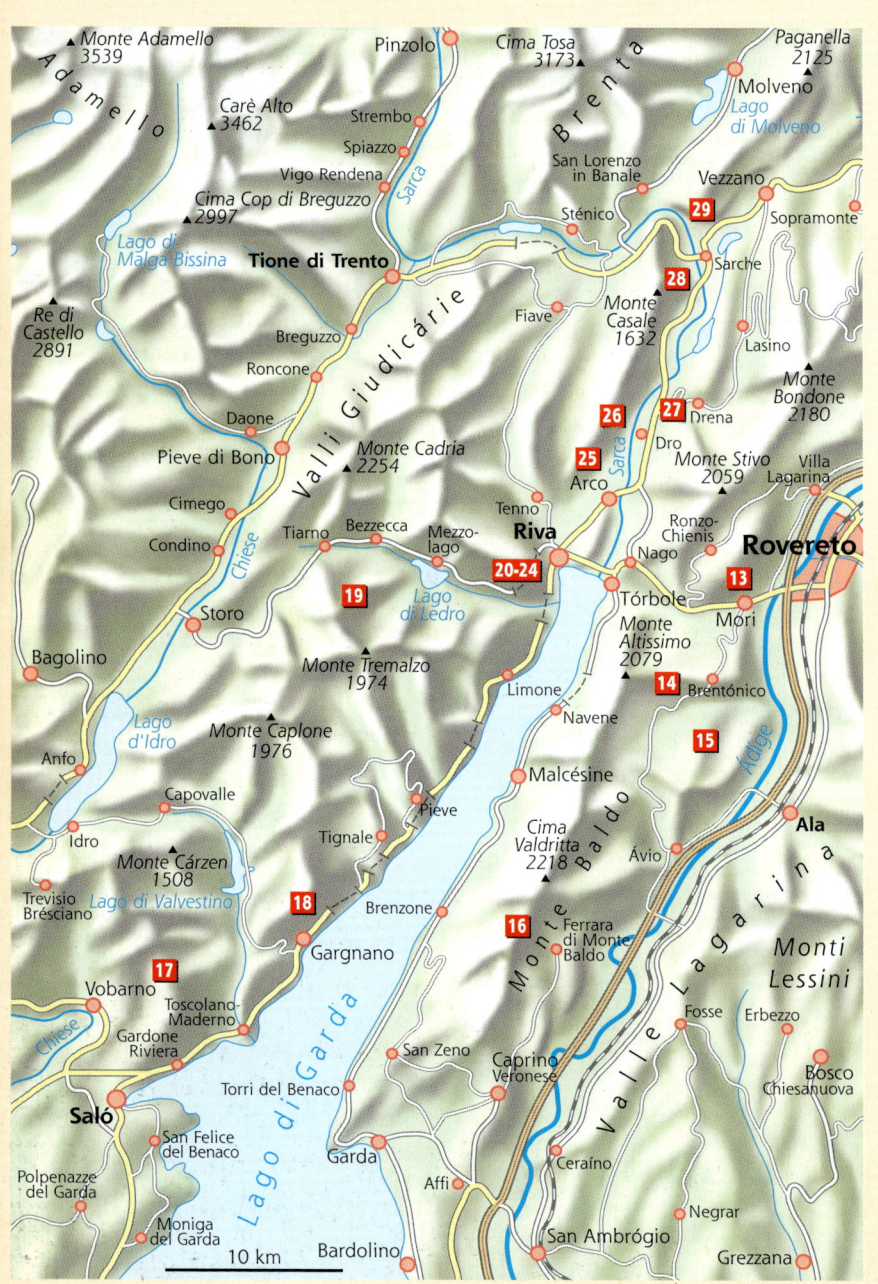

10 km

Gardaseeberge

Manche Gardaseefahrer geben sich schon von weitem zu erkennen: Bikes oder Surfbretter auf dem Autodach, und pfeilgeschwind (wenn der Verkehr es zulässt) auf der Brennerautobahn unterwegs Richtung Süden. Klettersteiger haben ihre Ausrüstung unter der Heckklappe verstaut, wie die Wanderer auch, und beide sind ebenfalls gerne rund um den Gardasee unterwegs, auf den Höhen zwischen Monte Baldo (2218 m) und Monte Casale, zwischen Ledrosee und Monte Stivo (2059 m). Vor allem die »Ferratisti« finden hier Routen für jeden Geschmack – und auch für (fast) jede Jahreszeit. Die Steige im unteren Sarcatal wie der »Pisetta« (⇨ Tour 29), »Sallagoni« (⇨ Tour 27) und »Colodri« (⇨ Tour 25) sowie an der Cima Capi (⇨ 20-23) sind meistens auch im Winter begehbar; Anfänger finden ebenso lohnende Ziele wie die »Esperti«. Die steuern natürlich erst einmal den Monte Albano (⇨ Tour 13) oder den Dain Picol (»Via Pisetta«, ⇨ Tour 29) an; die »Pisetta« ist in weitem Umkreis das Maß aller (Klettersteig-) Dinge: steiler gehts (zumindest am Gardasee) nicht mehr. Naturfreunde werden im Frühsommer gerne die wenig schwierigen Steige am Monte Baldo begehen: Corne di Bes (⇨ Tour 14), »Gerardo Sega« (⇨ Tour 15) und »Ferrata delle Taccole« (⇨ Tour 16). Ein absoluter Klassiker ist die »Via dell'Amicizia« über Riva mit ihren berühmten Leitern (⇨ Tour 24). Und dann ist da noch die »schönste Via ferrata zwischen den Dolomiten und dem Comer See« (Einschätzung des Autors), die »Che Guevara« in der 1400-Meter-Wand des Monte Casale (⇨ Tour 28). Wow!

Herbstnebel über dem Benacus.

13 Via attrezzata Monte Albano

Monte Albano, 560 m
Der Klassiker über Mori

sehr schwierig

3¹/₄ Std.

km

360 m

Routencharakter: Sehr populärer Sportklettersteig in den Felsen oberhalb von Mori. Mit Drahtseilen und Tritteisen hervorragend gesichert; berühmt sind die extrem ausgesetzten Querungen. Nur für nervenstarke Ferratisti! Nachteil: Durch die zahllosen Begehungen ist der Fels an der 1976 eröffneten Route unangenehm abgeschmiert – bei Nässe gefährlich!
Ausgangspunkt: Mori (204 m), stattlicher Flecken an der Strecke Rovereto – Torbole (Lago di Garda).

Gehzeiten: Gesamt 3 ¹/₄ Std.; Zustieg – Ferrata 2 ¹/₄ Std., Abstieg über gesicherte Route 1 Std oder wahlweise auf einfachem Weg.
Highlights: Kamine, dann die Querungen, vor allem die »Traversata degli Angeli«.
Einkehr: Hinterher ein kühles Bier in Mori ...
Fototipp: Viele tolle Klettersteigmotive. Wichtig: Kamera immer schön ruhig halten, auch mitten in der Senkrechten.

Dass Mori eine gute Adresse für Klettersteigler ist, merkt man schon an der Hauptstraße, über die der Verkehr zum Gardasee rollt: »Via attrezzata« heißt es da unübersehbar, auf dass auch kein Ortsunkundiger den Weg zum Monte-Albano-Klettersteig verpasse. Der Berg mit dem schönen Namen ist allerdings bloß ein breiter, gut 200 Meter hoher Felsabbruch, doch das sollte niemanden zur Annahme verleiten, hier warte ein eher gemütlicher Klettersteigspaß! Ganz im Gegenteil: Zwischen der Wallfahrtskirche mit der auffallend großen Uhr und dem bewaldeten »Dach« des Monte Albano dürften in den letzten fünfundzwanzig Jahren mehr Schweißtropfen vergossen worden sein als anderswo zwischen Rovereto und dem Gardasee – und ganz gewiss war auch reichlich Angstschweiß dabei ... Kein Wunder bei der Routenführung, die bewusst spektakulär gewählt ist, mit senkrechten Kaminen und – vor allem – atemberaubenden Querungen. Die sind hier ganz klar das sprichwörtliche »Salz in der Suppe«; da muss man auf den Eisenwegen zwischen Wien und dem Comer See schwer suchen, um vergleichbar ausgesetzte Passagen wie die »Traversata degli Angeli« zu entdecken!

Monte Albano

13

➔ **Anfahrt** Mori (197 m) erreicht man von der Brenner-Autobahn, Ausfahrt »Rovereto Sud-Lago di Garda Nord« in wenigen Minuten auf der Straße zum Gardasee.

↗ **Zustieg** Von Mori hinauf zu der weit übers Tal sichtbaren Wallfahrtskirche Madonna di Monte Albano (330 m), 20 Minuten.

↑ **Via attrezzata Monte Albano**

Auf deutlicher Spur im Unterholz zum nahen Einstieg (Tafel). Anstrengend durch einen trittarmen Riss auf einen Absatz; wer hier bereits Probleme hat, sollte das Angebot zum geordneten Rückzug nicht ausschlagen: »Rientro d'emergenza«. Weiter steil, aber gut ge-

Luftiger Klettersteigspaß: am Monte Albano.

13

*Die
»Traversata
degli Angeli«.*

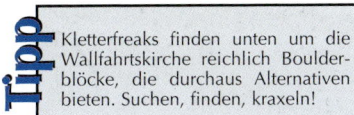

Tipp Kletterfreaks finden unten um die Wallfahrtskirche reichlich Boulder-blöcke, die durchaus Alternativen bieten. Suchen, finden, kraxeln!

13

sichert aufwärts, dann gibt's die erste Kostprobe fürs Nervenkos-tüm: den Eulenquergang (»Traver-sata al Gufo«), der nach rechts zum ersten senkrechten Kamin führt. Anstrengend, mit künstlichen Tritten aber einigermaßen ent-schärft, 40 Meter hinauf, dann nach links auf die atemberaubend luf-tige Engelsquerung (»Traversata degli Angeli«). Da wird sich schon manch eine/r einen Schutzengel gewünscht haben, der den Blick in die schwindelnde Tiefe ausspart und einen sicher über die winzigen Tritte führt. Nach dieser Mutprobe ist Aufatmen erlaubt; die Route

Gut ge-sicherter Kamin.

führt in leichteres Ge-lände, man hat wieder festen Boden unter den Füßen. Das Steiglein quert die bewachsene Terrasse an ihrem obe-ren Rand zu einem exponierten Eck (Rou-tenbuch). Schließlich das Finale: anstrengend, aber vorzüglich gesi-chert geht es 60 Meter senkrecht durch die so-genannte »Hakenver-schneidung« zum Aus-stieg (ca. 560 m), *2 Std.*
↘ **Abstieg** Wahlweise links auf gutem Weg (»Sentiero rientro«) in einer halben Stunde hinunter zur Wall-fahrtskirche oder auch rechts über den »Rien-tro attrezzato« mit einigen Sicherungen im Bereich der öst-lichen Wandausläufer abwärts, eine Stunde bis Mori.

14 Sentiero attrezzato Corne de Bes

Corna Piana, 1736 m
Blütenpracht? Aber ja!

 leicht

 2³/4 Std.
km

470 m

Routencharakter: Gemütliche Halbtagswanderung mit wenig Eisenberührung, im Frühsommer dafür ein Gang durch die ebenso artenreiche wie üppige Monte-Baldo-Flora.
Ausgangspunkt: San Valentino (1312 m), Bungalowsiedlung am gleichnamigen Pass.
Gehzeiten: Gesamt 2 ³/4 Std.; San Valentino – Corna Piana 1 ¹/4 Std., Corna Piana – Bocca del Creer ¹/2 Std., Bocca del Creer – San Valentino 1 Std.
Highlights: Die Blumenpracht des »Orto botanico«.

Einkehr: Rif. Graziani (1620 m) an der Bocca del Creer, bewirtschaftet Mitte Mai bis Ende Oktober. Rif. Fosce (1402 m) unterhalb der Bocca del Creer, etwas abseits der Graziani-Straße; während des Sommers bewirtschaftet. In beiden besteht auch Übernachtungsmöglichkeit.
Fototipp: Das gesicherte Ringband gibt vor dem Hintergrund des Monte-Baldo-Hauptkamms ein hübsches Motiv ab. Und natürlich: Nahaufnahmen der bunten kleinen Sehenswürdigkeiten am Weg!

Wer zum Corna Piana, dem »flachen Horn«, pilgert, ist in der Regel mehr Naturfreund als Klettersteigler, besucht den »Orto botanico«, ein etwa 50 Hektar großes Areal (1200–1750 m), auf dem (fast) die gesamte Monte-Baldo-Flora versammelt ist. Da blüht und duftet es dann im Frühsommer, die Almböden sind mit bunten Polstern und Farbtupfern übersät: i fiori del Baldo. Bereits früher im Jahr zeigt sich Kerners Schmuckblume (Callianthemum kerneriamum), ein echter Endemit, im späten Frühling blühen Affodill (Asphodelus albus) und – sehr schön rund um die Bocca di Navene – Pfingstrosen (Paeonia officinalis), dann folgen all die Primeln (u. a. Prachtprimel), Enziane, Lilien (Türkenbund, Paradieslilien u. a.), entdeckt man – natürlich – auch Edelweiß (Leontopodium alpinum) und Kohlröschen (Nigritella nigra). Eine Südalpenspezies, die Teufelskralle (Physoplexis comosa), hat ihre einzigen Monte-Baldo-Standorte allerdings weiter südlich, im Felsgelände der Cima Valdritta (2218 m) und der Punta Telégrafo.

➔ **Anfahrt** Von Mori (197 m), das an der Strecke Rovereto – Gardasee liegt, erreicht man den Passo di San Valentino (1312 m) auf einer gut ausgebauten Straße über Brentonico, 18 km. Eine zweite Zufahrt hat ihren Ausgangspunkt in Ávio (135 m), 17 km durch das Valle dei Molini. Park- und Rastplatz wenig westlich der Wasserscheide, an der Monte-Baldo-Höhenstraße.

⬆ **Sentiero attrezzato Corne de Bes**
Der »gesicherte Steig«, 1979 von der SAT-Sektion Brentonico angelegt, vermittelt ein kurzes und harmloses Klettersteigerlebnis; sein Ver-

lauf wird durch den weithin sichtbaren, felsigen »Brustring« am Corne de Bes vorgezeichnet. Von der Straße zunächst im Zickzack bergan (Hinweis: »Sentiero delle Vipere«) zum Felsfuß, dann auf einem bequemen Band ansteigend nach rechts, teilweise mit Drahtseilsicherung, bis sich in den Felsen eine Lücke auftut: Ausstieg (ca. 1550 m). Unvermittelt steht man am Rand eines kleinen, nach Norden hin durch den lang gestreckten Rücken der Corna Piana abgeschlossenen Plateaus. Von der Malga Bes (1511 m) führt eine deutliche Spur, rotweiß markiert, über den schrofigen Hang links aufwärts. Am breiten Grat gabelt sie sich: rechts geht es an den Stellungsresten aus dem Ersten Weltkrieg vorbei zum Gipfel des Corna Piana (1736 m), *1 ¹/₂ Std.*, halb links hinunter zu einem Wiesenboden und um ein felsiges Eck herum abwärts in die Bocca del Creer (1617 m), wo das Rifugio Graziani steht.

14

↘ **Abstieg** Auf der asphaltierten »Strada Graziani« (Monte-Baldo-Höhenstraße) nach San Valentino.

Am großen Band der Corne de Bes.

15 Sentiero attrezzato Gerardo Sega

Coalàz, ca. 1200 m
Nicht schwierig, aber alles andere als harmlos

mittel

5½ Std.

980 m

Routencharakter: Ein »Überraschungs-weg«, nur mäßig schwierig. Selbstsicherung empfehlenswert, Helm auf! Die Anlage wurde erst vor kurzem saniert und befindet sich in bestem Zustand.
Ausgangspunkte: Erste Kehre (307 m) im Mühlental (Valle dei Molini), alternativ auch Straßenspinne bei Madonna delle Neve (1082 m).
Gehzeiten: Gesamt 5 ½ Std. Valle dei Molini – Preafessa-Wasserfall 1 ¼ Std., »Sentiero Sega« 1 ¾ Std., Höhenweg nach Madonna delle Neve 1 Std., Abstieg zum Valle dei Molini 1 ½ Std.

Startet man die Tour oben in Madonna delle Neve, ergibt sich eine Gesamtgehzeit von 4 Std.
Highlights: Dantesker Felswinkel unter dem Corno Gallina; Blumen am Höhenweg nach Madonna delle Neve.
Einkehr: Rifugio Monte Baldo (1113 m), im Sommer bewirtschaftet. Albergo Alpino (1122 m), bewirtschaftet Mai bis Oktober. Je etwa 15 Min. von Madonna delle Neve.
Fototipp: Packende Motive am Klettersteig: Schlucht, Bänder usw. Allerdings nur am Vormittag (bis etwa 10 Uhr) mit Sonne!

Es ist wie bei jeder guten Geschichte: Auf die Pointe kommt es an. Und die liefert der »Sentiero attrezzato Gerardo Sega« ohne Zweifel, stilgerecht allerdings erst nach einer längeren »Anlaufstrecke«: herauf aus dem innersten Mühlental, dann flach über eine Rampe, bis man vor lauter Bäumen den Wald nicht mehr sehen mag. Langweilig ... Du trabst um eine Eck und stehst ganz unvermittelt vor einem Höllenschlund, von Titanenhand aus dem Fels geschlagen. Es riecht buchstäblich nach Steinschlag (Helm!), ein paar frische Ausbruchnarben hoch oben im Fels verleihen der Szenerie einen apokalyptischen Anstrich: ein »End' der Welt«. Aber kein Wegende: Auch wenn man es zunächst nicht glauben mag, der »Sentiero« führt mitten durch die weit überhängende Riesenapsis, auf einer komfortablen Terrasse noch dazu. Eine Stunde später, der Vertikalen entstiegen, ist dann Gelegenheit, beim Spaziergang über die üppigen (Enzian-) Wiesen nach Madonna delle Neve die Route nochmals Revue passieren zu lassen, und drunten im Valle di Molini –

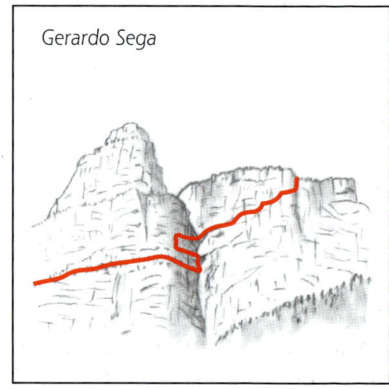

Gerardo Sega

Schuhe und Rucksack sind bereits im Kofferraum verstaut – riskiert man einen letzten Blick hinauf in den Felswinkel – einfach fantastisch!

Durch diese wilde Felsszenerie verläuft der »Sentiero Sega«.

➜ **Anfahrt** Von Avio (135 m) im Etschtal auf ordentlicher Straße ins Valle dei Molini bis zur Mündung des Aviana-Bachs (307 m), Parkmöglichkeit. Wer die Tour von oben starten will, fährt über zahlreiche Serpentinen hinauf zum Stausee von Prà da Stua (1041 m), hier links und über den Passo della Cola (1289 m), zuletzt auf leicht bergab führender Schotterstrecke, zur Wegspinne (1069 m) unweit des Kirchleins Madonna delle Neve.

➚ **Zustieg** An der Straßenbrücke (307 m) weist ein Schild zum »Sentiero Sega«. Man erreicht seinen Beginn in gut einer Stunde auf einer schönen alten Mulattiera, die über den Pian delle Scale durch das Tal des Aviana-Bachs hinaufzieht zum Preafessa-Wasserfall (ca. 720 m).

↑ **Sentiero attrezzato Gerardo Sega**
Den Auftakt bildet eine lange, »aussichtslose« Querung an der nördlichen Talflanke. Nur Geduld! Schließlich mündet die Spur in den zwischen Corno Gallina (1175 m) und Coalàz eingerissenen Felsschlund.

15

Hier beginnt der gesicherte Abschnitt der Route; eine Leiter macht den Anfang, Drahtseile leiten steil nach oben, ehe ein schmales Band (Fixseile) in luftiger Höhe zurück in den dantesken Winkel führt. Man quert ihn auf komfortabler (von unten nicht sichtbarer) Terrasse und steigt anschließend, wieder am sichernden Drahtseil, hinauf zu den ausgedehnten Almböden unter dem Hauptkamm des Monte Baldo (ca. 1200 m), *1 ³/₄ Std.*

↘ **Abstieg** Ein Sandsträßchen führt hinüber zum Wallfahrtskirchlein Madonna delle Neve (1082 m) in hübscher Lage über dem Graben des Aviana-Bachs. Ein Stück weiter taleinwärts kümmert man sich mehr um weltliche Bedürfnisse: in den Gasthäusern Monte Baldo und Alpino. Buon appetito!

Der Weiterweg führt hinunter zum Aviana-Bach. Bei der Ponte della Balanzà (ca. 980 m) links und auf dem alten Talweg – vorbei am Preafessa-Wasserfall – zurück zur Straße im Mühlental.

Luftige Passage am »Sentiero Sega«.

Ferrata delle Taccole

16

Vetta delle Buse, 2155 m
Zwei Wege, ein Ziel

mittel

2 ¹/₂ Std.
bis
4 ¹/₄ Std.

400 m
bzw.
800 m

Routencharakter: Kurze, aber sehr steile Ferrata hoch oben am Hauptkamm des Monte Baldo. Mit künstlichen Tritten und durchlaufendem Drahtseil gesichert.
Ausgangspunkte: Sattel Caval di Novezza (1433 m) an der Monte-Baldo-Höhenstraße oder Bergstation (1815 m) des Costabella-Liftes.
Gehzeiten: Gesamt ab Caval di Novezza 4 ¹/₄ Std.; Caval di Novezza – Einstieg 2 ¹/₄ Std., Klettersteig ¹/₂ Std., Abstieg 1 ¹/₂ Std.

Gesamt ab Costabella 2 ¹/₂ Std.; Costabella – Einstieg 1 ¹/₄ Std., Klettersteig ¹/₂ Std., Abstieg ³/₄ Std,
Highlights: Tiefblicke auf den Gardasee, im Frühsommer Blumenpracht. Mit viel Glück im Herbst ein grandioses Panorama.
Einkehr: Rifugio Telégrafo (2147 m), bewirtschaftet Mitte Juni bis Mitte September.
Fototipp: Actionbilder, gutes Licht am Nachmittag; Tiefblicke auf den Gardasee.

Nein, ein zackiges Profil hat er nicht, dafür um so mehr Masse, der Monte Baldo (Cima Valdritta, 2218 m), besonders schön ist er auch nicht mit seinen schrundigen Flanken, die auf der Ostseite von tiefen Gräben durchzogen sind. Doch im Gegensatz zum Rosengarten hat ihn wenigstens kein sagenhafter Fluch in eine Steinwüste verwandelt, an seinen Flanken blüht es üppiger als auf den meisten südalpinen Höhen – nicht umsonst bezeichnet man ihn als »Giardino alpino d'Europa« (⇨ Tour 14). Und dann ist da natürlich noch das Panorama, eine grandiose Innenansicht des Alpenbogens, vom Monviso bis zu den Julischen Alpen. Zu erleben ist das allerdings jeweils nur an wenigen Tagen im Jahr, etwa nach einem reinigenden Gewitter oder wenn der Nordföhn Dunst und Smog hinausbläst in die Poebene.

Klettersteigler schauen mehr aufs Eisen als in die Ferne, doch besonders eisenhaltig ist der Monte Baldo nicht gerade. Und fast könnte man meinen, die Erbauer hätten versucht, das bisschen Via ferrata auch noch bestmöglichst zu verstecken. Ganz leicht ist ja schon der »Sentiero Sega« (⇨ Tour 15) nicht zu finden, noch besser tarnt sich die »Taccole« in den steilen Nordabstürzen der Vetta delle Buse (2155 m). Die hat einen breiten Südrücken und ist über den Monte-Baldo-Kammweg leicht erreichbar, besonders von Süden – aber nur, wenn der Costabella-Lift läuft. Etwas weiter ist der Zustieg von der »Strada Graziani« aus; dafür lässt sich der Klettersteig dann leicht mit einer (aussichtsreichen) Kamm- und Gipfelwanderung verbinden: Aufstieg

16

zur Cima Valdritta (2218 m), Übergang zur Punta Telégrafo (2200 m), weiter zur Ferrata, dann von der Vetta delle Buse zurück bis zum Rifugio Telégrafo und auf markiertem Weg hinunter zum Ausgangspunkt, insgesamt knapp 6 Stunden.

➜ **Anfahrt** Die »Strada Generale Graziani« verbindet die Ortschaften an der Ostflanke des Monte Baldo; sie misst von Mori bis Caprino Veronese etwa 60 Kilometer und ist durchgehend asphaltiert. Als Ausgangspunkt für die Tour bietet sich der Sattel Caval di Novezza (1433 m) an, 36 km ab Mori.

Die Talstation des Costabella-Sesselliftes bei Prada (958 m) erreicht man vom Gardasee-Ostufer auf guten Straßen. Bergstation beim Rifugio Costabella (1815 m).

Über den Wolken: am Weg zur Cima Valdritta.

↗ **Zustieg** Vom Caval di Novezza (1433 m) entweder auf der Straße knapp einen Kilometer aufwärts, dann links auf Weg 652 (Hinweis »Rif. Telégrafo«) oder direkt in kurzen, steilen Kehren am Hang aufwärts. Die beiden Wege kreuzen sich an der 1700-Meter-Höhenmarke; hier links und diagonal bergan zum Kammweg. Links um die Punta Sascaga (2152 m) und einen weiteren Kammbuckel herum in die namenlose Scharte (2087 m) über dem Valle delle Prè (Tafel). *Herbstwälder auf der Westabdachung des Monte Baldo.*

Alternative: Von der Liftstation an der »schönen Seite« (Costabella, 1815 m) auf viel begangenem Weg bergan in die Bocchetta di Coal Santo, dann knapp unter dem gleichnamigen Gipfel (2072 m) hindurch weiter zum Passo del Cammino, einem aus dem Fels gesprengten Durchlass. Auf der Ostseite des Kamms leicht abwärts zur Scharte (2087 m).

↑ **Ferrata delle Taccole**

Der roten Markierung folgend im Geröll in den Karwinkel hinunter und links zum Einstieg am Felsfuß (ca. 2020 m). Durch einen ersten Kamin etwa 35 Meter senkrecht, aber gut gesichert auf ein Band. Kurz nach rechts zum zweiten, noch etwas höheren Kamin. Am durchlaufenden Drahtseil mit Hilfe einiger künstlicher Tritte in leichtes Gelände (Routenbuch, 2115 m). Über einen letzten, ungesicherten Felsaufschwung auf die große Gipfelwiese der Vetta delle Buse (2155 m).

↘ **Abstieg.** Kurz hinunter zum Kammweg; beim Passo del Cammino links bzw. rechts zurück zum jeweiligen Ausgangspunkt.

17 Via ferrata Spigolo della Bandiera

Rifugio Pirlo, 1165 m
Kurzes Ferrata-Vergnügen oder richtige Bergtour?

schwie-rig

3¼ Std.

650 m

Routencharakter: Kurze, aber recht anspruchsvolle Route an dem Felspfeiler unterhalb der Pirlohütte. Durchlaufendes Drahtseil, ganz wenige Eisenstifte. Die gesamte Anlage wurde saniert, präsentiert sich nun in einem vorbildlichen Zustand.
Ausgangspunkt: Val di Sur (511 m).
Gehzeiten: Gesamt 3 ¼ Std.; Val di Sur – Einstieg 1 ½ Std., »Ferrata« – Rifugio Pirlo ½ Std., Abstieg via Passo di Spino 1 ¼ Std.

Highlights: Der Klettersteig als Auftakt für die große Überschreitung des Spino-Massivs (➪ Tipp).
Einkehr: Rifugio Pirlo allo Spino (1165 m), bewirtschaftet Juni bis September durchgehend, sonst nur an Wochenenden.
Fototipp: Action an der Ferrata – und vor allem die Blumen der Region. Im Sommer zahllose Schmetterlinge!

Naturfreunden braucht man den Monte Pizzocolo (1581 m) natürlich nicht vorzustellen: er ist für seinen Blumenreichtum so berühmt wie fürs große Alpenrandpanorama. Bestiegen wird der Berg, den die Einheimischen auch »Gu« nennen (gua! = schau!, weil er als Wetterzeiger gilt), gerne aus dem Val di Sur, steht in der Nähe des Passo di Spino (1160 m) doch die einzige bewirtschaftete Hütte der Region. Und die bietet als besondere Attraktion gleich zwei »Haus-Klettersteige«: die »Ferrata Spigolo della Bandiera«, die über einen steilen Pfeiler läuft, und ein langes Fixseil, das an die Felsen beim Passo di Spino geheftet

Frühling am Monte Pizzocolo: Schnee-glöckchen.

ist. Die landschaftlichen Höhepunkte liegen allerdings anderswo, beide Routen sind nicht viel mehr als (anregende) Turnübungen für Ferratisti, vor allem die Trainingsstrecke am Spinopass.

➜ **Anfahrt** Das kleine Dorf San Michele (372 m) am Eingang ins Val di Sur erreicht man von Salò auf breiter Asphaltstraße über Serniga, 7 km, von Gardone via Tresnico, 5 km.

Tipp

Lohnendste Bergtour im Hinterland von Gardone ist die Überschreitung des gesamten Spino-Massivs, Gehzeit ab Albergo Colomber (405 m) etwa 8 Stunden; Zugang durch das Val di Sur, über den Klettersteig zur Hütte, dann auf den Monte Spino (1486 m). Anschließend hinunter zum Buco del Gatto (1307 m), weiter mit viel Auf und Ab sowie ein paar leichten Kletterstellen über den gesamten Marmera-Grat (Cima Croce, 1406 m) zu den Hütten von Gardoncello (1041 m) und hinab ins Val di Sur.

Links am Albergo Colomber (405 m) vorbei und auf einem Sandsträßchen flach talein, 3 Kilometer bis zum Beginn der Steigung (511 m). Parkmöglichkeit.

↗ Zugang Bis zum Straßenende, dann auf teilweise rauem Weg weiter im Val di Sur taleinwärts. Nach gut einer Wanderstunde kommt man zu einer Verzweigung: hier links und im Wald steiler bergan, bis ein Schild zur Ferrata weist.

17

↑ Ferrata Spigolo della Bandiera

Links zum Einstieg (ca. 1040 m). Eine kurze Querung macht den Auftakt, dann leitet die Route steil über den Pfeiler aufwärts. Ein kleiner Überhang (hau ruck!) führt zum Ausstieg. Auf markierter Spur hinauf zum Hüttenweg und links zum Rifugio Pirlo (1165 m), *½ Std.*

Steil: der Einstieg zur »Ferrata Spigolo della Bandiera«.

↑ Ferrata Passo di Spino

Die Trainingsroute befindet sich am Gratfelsen unmittelbar westlich des Passo di Spino (1160 m), Zugang über den Fahrweg, 10 Minuten. Den Einstieg (Überhang) schafft man nur mit roher Gewalt, dann folgt eine längere Querung, zum Schluss ein steiler »Gipfelanstieg«. Turnübung, Länge: geschätzte 50 Meter.

↘ Abstieg Hinüber zum Passo di Spino (1160 m), dann flach zu einer Weggabelung und rechts hinunter ins Val di Sur, Markierung »1«.

18 San Valentino, gesicherter Steig

San Valentino, 772 m
Ausguck über dem Gardasee

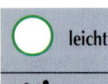

leicht

2 Std.
km

340 m

Routencharakter: Leichter, im oberen Abschnitt mit ein paar Drahtseilen gesicherter Steig.
Ausgangspunkt: Sasso (546 m), kleines Dorf am Monte Gargnano.
Gehzeiten: Gesamt 2 Std.; Zugang ½ Std., Aufstieg 1 Std., Abstieg ½ Std.

Highlights: Herrliche Tiefblicke auf Gargnano und den Gardasee sowie Aussicht auf den Monte Baldo.
Einkehr: Keine.
Fototipp: Die ehemalige Einsiedelei San Valentino bietet gute Motive, dazu Tiefblicke auf den Gardasee.

Die Cima Comèr (1279 m) gilt als Hausberg von Gargnano; sie bietet eine faszinierende Aussicht auf den Benacus und seine Bergkulisse. Von Sasso aus sind es gerade zwei Stunden Aufstieg, und meistens verbindet man die Gipfeltour mit dem kleinen Abstecher nach San Valentino. Der malerische Bau, nach einem Pestgelübde im 17. Jahrhundert in den Felsen über Gargnano errichtet, war früher eine Einsiedelei. Seit ein paar Jahren gibt es einen zweiten Zugang, steiler als der alte Pfad und an ein paar Stellen mit Drahtseilsicherungen. Keine richtige Ferrata, aber ein hübsches Steiglein ohne nennenswerte Schwierigkeiten, dafür mit stimmungsvollen Tiefblicken auf den großen See.

➔ **Anfahrt** Von Gargnano (68 m) auf guter, aber kurvenreicher Straße über den Monte Gargnano nach Sasso (546 m), 8,5 km. Parkplatz vor dem Ort.

➚ **Zugang** Zunächst auf einer Straße, die bis zu den letzten Häusern von Sasso geteert ist, leicht bergab in den Graben des Valle di San Martino, dann auf gutem, schattigem Weg weiter abwärts zu einer Weggabelung (438 m). Nun der Markierung »30« folgend in

18

Tipp

Bei guten Sichtverhältnissen lohnt sich natürlich der Aufstieg zur Cima Comèr (1279 m), ab San Valentino noch etwa 1 ¹/₂ Std. auf ordentlich markiertem Weglein. Für den Abstieg aus der Scharte vor dem Monte Denervo links zum Rifugio Alpino Gargnano (979 m) und nach Sasso; Gesamtgehzeit 5 Std., Markierungen »31« und »38«.

flachem Gelände bis zu einem Hochspannungsmast.

↑ San Valentino, gesicherter Steig

Beim stählernen Hochspannungsmast zweigt links das Weglein nach San Valentino ab (Hinweis). Im Wald bergan, an einem Klettergarten vorbei, steil aufwärts zu einer ersten Kanzel. Dahinter über gestufte Felsen (Drahtseile) in eine Rinne und durch sie auf die zweite Kanzel. Hier hat man bereits Blickverbindung mit San Valentino: noch etwa 40 Höhenmeter, überwiegend am sichernden Drahtseil, dann ist der schöne Platz an der Südflanke der Cima Comèr gewonnen, *1 Std.*

↘ **Abstieg** Auf dem alten Weg mit einer kleinen Gegensteigung (Felsrinne) zurück nach Sasso.

Vom Anstieg nach San Valentino bieten sich mehrfach hübsche Tiefblicke auf Gargnano und den Gardasee.

19 Sentiero Pellegrino

Il Corno, 1731 m
Abenteuerpfad in den Ledrobergen

leicht

7 Std.
km

1160 m

Routencharakter: Landschaftlich sehr eindrucksvolle Runde; Aufstieg zum Corno auf gutem Weg, Gratüberschreitung an »Sentiero Pellegrino« mit zwei gesicherten Passagen und einigen leichten Kletterstellen (I–II).
Ausgangspunkt: Über dem Westufer des Lago di Ledro (652 m).

Gehzeiten: Gesamt 7 Std.; Ai Sabioni – Corno 3 Std., »Sentiero Pellegrino« – Bocca Casèt 2 Std., Abstieg 2 Std.
Highlights: Aussicht vom »Horn«, der Zackengrat hinüber zur Cima Casèt.
Einkehr: Keine.
Fototipp: Schöne Actionmotive am »Sentiero Pellegrino«.

Der Lago di Ledro mit seinen (rekonstruierten) Pfahlbauten ist ein beliebtes Ausflugsziel für Gardasee-Urlauber, das zackige Felsprofil über dem See dagegen dient bestenfalls als Hintergrund fürs Erinnerungsfoto. Benennen kann es kaum jemand, und der Blick auf die Landkarte hilft auch nicht viel weiter. Immerhin, die rote, unterbrochene Linie signalisiert einen Zugang zum nördlichsten Gipfel dieser »piccole Dolomiti«, der – sehr treffend – schlicht Corno (1731 m) heißt. Und als veritables Horn entpuppt er sich denn auch, immerhin um gut einen Kilometer den Lago di Ledro überragend. Das listig angelegte Weglein umschleicht den Gipfel zunächst, weicht senkrechten Felsen immer wieder aus und findet schließlich doch den Weg zum höchsten Punkt. Ecco!

Da kann man dann erst einmal Umschau halten, auch weitere Tourenziele im Rund ausmachen, etwa über den Valle dei Concei oder um den Monte Tremalzo, der mit seinen schräg gestellten Kalkschichten und dem hässlichen Antennenstachel leicht zu erkennen ist. Der Monte Carone (1621 m) zeigt aus dieser Perspektive mehr Wald als Fels, wie auch die jähen Ostabstürze des Rocchetta-Stocks (1540 m) bloß zu erahnen sind. Sauber aufgereiht stehen dagegen die Kuppen und Türme des »namenlosen« Felsgrates vor einem, bis hin zur Cima Casèt (1748 m), eineinhalb Kilometer weit weg – oder anderthalb Stunden. Denn – was für eine schöne Überraschung! – dem Kamm folgt eine markierte Route, ein richtiger Abenteuerpfad mit Kraxeleinlagen, keine Wegspur verrät, wie's weitergeht: abwärts, hinüber, links oder rechts?

→ **Anfahrt** Den Lago di Ledro (652 m) erreicht man von Riva über die abschnittweise in Tunnels verlaufende Strada Statale 240, ca. 10 km. Auf der Süduferstraße vorbei an der Bungalowsiedlung Pian di Pur und aufwärts gegen den bewaldeten Rücken von Ai Sabioni. Hier

zweigt links die Zufahrt zu einigen höher gelegenen Ferienhäusern ab (Hinweis »Monte Corno«), gut 500 Meter bis zur Sperrschranke. Parkmöglichkeit an der Straße.

Felspassage am »Sentiero Pellegrino«.

↗ **Zugang** Zunächst auf einem Fahrweg, Markierung 456, steil im Wald bergan. Nach einer Dreiviertelstunde verlässt man die Zementunterlage und biegt auf einen Almweg ein; die Abzweigung ist mit dem Hinweis »San Martino« versehen. Das Kirchlein San Martino steht auf einer grasigen Anhöhe, die freie Sicht nach Norden, auf den Gipfelkranz um das Valle dei Concei bietet. Nun rückt auch der Corno ins Blickfeld: ein elegantes Felshorn. Zunächst bleibt der Zacken links, nach einer Kehrtwende dann rechts, unnahbar über senkrechten Felsabstürzen thronend. Der schmale Pfad, Markierung »456 bis«, quert zu einem Durchschlupf, gewinnt so die nächsthöhere Etage und schließlich über einen steilen, schrofendurchsetzten Wiesenhang die Scharte im Rücken des Gipfels (ca. 1660 m), wo links der »Sentiero

19

Pellegrino« abgeht. Zum Kreuz mit großer Aussicht ist es dann nur mehr ein Katzensprung.

↑ **Sentiero Pellegrino**

Wesentlich mehr Zeit nimmt die Gratüberschreitung zur Cima Casèt in Anspruch, ein abwechslungsreiches Auf und Ab über mehrere enge Scharten und ein paar (namenlose) Zacken. Langeweile kommt dabei garantiert nicht auf, dafür sorgt schon die Kulisse mit ihren zu abenteuerlichen Gestalten verwitterten Türmen und Felsen, die dem grasigen, teilweise mit Krummholz bewachsenen Kamm entragen. Drahtseile erleichtern gleich zu Beginn den Aufstieg durch eine erdig-rutschige Steilrinne, einmal schlüpft das Weglein sogar durch ein Felsenfenster: Kopf einziehen!

↘ **Abstieg** An der Kuppe »1769 m« wird aus der Zickzackroute wieder ein gemütlicher Wanderweg. Er schneidet, sanft an Höhe verlierend, die Wiesenhänge unter der Cima Casèt (1748 m). An der Bocca Casèt (1608 m) stößt man auf eine Schotterpiste, die zur Malga Giù (1277 m) hinabzieht. In einer Rechtskehre verlässt man sie und folgt dem alten Almweg, der fast eben, mehrere Gräben querend, durch die südöstlichen Hänge des Corno-Casèt-Kamms verläuft. Am Ansatzpunkt des Corno-Ostgrats schließt sich die Runde: zurück und hinab zum Ledrosee.

Felsprofil über dem See: der Lago di Ledro mit dem Corno.

Sentiero attrezzato Fausto Susatti

Sentiero attrezzato Mario Foletti

Sentiero dei Camminamenti

Sentiero delle Laste

20
21
22
23

Cima Capi, 909 m, und Cima Rocca, 1089 m
Rundtour über dem Gardasee-Nordzipfel

mittel

6½ Std.

1020 m

Routencharakter: Leichte gesicherte Steige im Süden des Rocchetta-Massivs. Lassen sich sehr schön zu einer Rundtour verbinden, mit dem »Sentiero delle Laste« als Zu- bzw. Abstiegsvariante. Für weniger Geübte Selbstsicherung!
Ausgangspunkt: Abzweigung der Via del Ponale südlich von Riva. Alternativ das Dörfchen Biacesa (418 m) im Ledrotal.
Gehzeiten: Gesamt 6 ½ Std.; Riva – »Sentiero Susatti« – Cima Capi 2 ¾ Std., »Sentiero Foletti« ½ Std., »Sentiero dei Camminamenti« – Cima Rocca –

Bocca Sperone 1 ¼ Std., Abstieg über die Bocca d'Enzima nach Riva 2 Std. Ab Biacesa mit Zustieg über den „Sentèr dei Bech" gesamt etwa 5 ½ Std.
Highlights: Faszinierende Tiefblicke auf den obersten Gardasee.
Einkehr: Keine. Unterschlupf im Bivacco Arcioni beim Kirchlein San Giovanni (860 m), stets zugänglich, nicht bewirtschaftet!
Fototipp: Der See aus der Vogelperspektive, Cima Capi mit ihrer senkrechten Nordwand, Stellungsreste, im Frühling Blumen.

Klettersteige im Multipack. Das findet der Interessierte an der Südflanke des Rocchetta-Massivs, in den Felsen über dem untersten Val di Ledro. Dabei handelt es sich durchwegs um richtige »Genießerrouten« in einer einmaligen Kulisse, die auch weniger Geübten nicht gleich den Angstschweiß auf die Stirn treiben. Weder der »Sentiero Susatti« noch der »Foletti« gehören in die Kategorie schwieriger Ferrate, und der »Schützengräbenweg« (Sentiero dei Camminamenti) ist auch nicht anspruchsvoller. Bloß eine Taschenlampe braucht man da, denn der Weg verläuft zum Teil in, nicht am Berg. Und der etwa 150 Meter lange Hauptstollen unter

Am »Sentiero Foletti«.

der Cima Rocca ist wirklich stockdunkel – selbst wenn draußen die Sonne scheint. Den Gang durch die Finsternis kann man sich allerdings bei einer Gipfelüberschreitung sparen, teilweise am sichernden Drahtseil.

Wer schwindelfrei und trittsicher ist, wird an der Runde seine helle Freude haben. Die Steige bieten viel Abwechslung, das Ambiente ist schlicht grandios. Dass hier vor allem der Krieg einst der große Wegbauer war, macht dagegen eher nachdenklich: Von 1915 bis 1917 ging die Alpenfront über das Rocchetta-Massiv, wurde an seinen Flanken und steilen Wänden gekämpft und gestorben. Wozu?

➔ **Anfahrt** Riva (78 m), historisches Städtchen am oberen Ende des Gardasees, erreicht man von der Brennerautobahn auf guten Straßen, 40 Kilometer von Trento, 17 km von der Autobahnausfahrt »Rovereto Sud - Lago di Garda Nord«. Wer die Tour in Biacesa (418 m) startet, folgt in Riva dem Wegzeigern »Val di Ledro«, bis zu dem kleinen Ort etwa 8 km. Parkmöglichkeiten vor und im Ort.

➚ **Zustieg** Die Tour beginnt als Straßenwanderung: zunächst am Westufer in Richtung Limone bis zur Abzweigung der alten Ponalestraße. Ohne Motorenlärm durch vier Tunnels (Vorsicht: häufig Radler!) zur Mündung des Val Sperone (ca. 170 m). Hier rechts ab von der Straße und im Zickzack bergan. Unter den Felsen nach links und überwiegend schattig über eine Hangterrasse in einen Graben, dann in ein paar Kehren steil hinauf zum Südgrat der Cima Capi, wo der Zustieg von Biacesa mündet (ca. 575 m).

Von Biacesa (418 m) kurz auf einem gepflasterten Sträßchen bergan zur Abzweigung des »Sentèr dei Bech«, der mit einigem Auf und Ab die abschüssigen, felsdurchsetzten Südhänge der Cima Rocca quert und schließlich am Südgrat der Cima Capi in den von der Ponalestraße herauf kommenden Anstieg mündet (ca. 575 m). Mit etwas Glück kann man an dem Weg Smaragdeidechsen und Schlangen beobachten; im Frühling blüht hier der seltene Diptam (Dictamnus albus).

20
21
22
23

↑ Sentiero Susatti

Eine deutliche Spur führt über den verstrauchten, felsdurchsetzten Kamm zum Einstieg (730 m). Nun in hübscher, wenig ausgesetzter Kletterei an dem mäßig steilen Grat aufwärts. Die Route ist mit Drahtseilen und einzelnen Eisenstiften gut gesichert; zudem liefert der feste Fels überall reichlich Griff und Tritt. Immer wieder stößt man auf Überreste der ehemaligen Kriegsstellungen: Kavernen, Schützengräben. Zuletzt auf schmalem Weglein zur Cima Capi (909 m) mit Eisenfahne, *³/₄ Std.*

Vom Gipfel über Schrofen abwärts und dann hoch über dem wilden Graben des Val Sperone hinüber zu der Weggabelung (874 m) unter der Cima Rocca.

↑ Sentiero Foletti

Hier links (Laufgraben), dann leicht hinab zu einem Horizontalband und über schräge, trittarme Platten (Eisenschienen) am Drahtseil hinüber zum Ansatzpunkt einer Rinne. Gut gesichert schräg aufwärts und in einer weiteren, recht luftigen Querung zu einer bewachsenen Felsschulter. Dahinter durch eine steile, erdige Rinne (Drahtseil) abwärts in einen Felswinkel, wo die Ferrata ausläuft. Auf gutem Steig flach zum gemauerten Bivacco Arcione (Sitzbänke). Wenig weiter steht das Kirchlein San Giovanni (858 m), *¹/₂ Std.*

Steiler Felszahn über dem oberen Gardasee: die Cima Capi.

Am »Sentiero dei Camminamenti«.

↑ Sentiero dei Camminamenti

Gleich hinter dem Kirchlein von San Giovanni (858 m) weist ein Schild zum »Schützengräbenweg«. Er folgt dem verzweigten Stollen- und Grabensystem an der Cima Rocca (1089 m) und ist abschnittweise ebenfalls mit Drahtseilen gesichert. Im Aufstieg verschwindet die Route zweimal kurz im Bergesinnern (Kopf einziehen!); dem ersten Loch entsteigt man über eine Eisenleiter. Dann muss man sich entscheiden: unten durch oder über den Berg. Der Gipfelweg ist gut markiert; deutliche rot-weiße Markierungen leiten auch durch den Hauptstollen, der sich mehrfach verzweigt. »Irrwege« sind entsprechend bezeichnet (»senza uscita«, »pericoloso!«).

↘ **Abstieg** Zurück im Tageslicht, steigt man über Schützengräben hinunter zur Wegspinne an der Bocca Sperone (987 m). Zwei-, dreimal bietet sich dabei rechts ein Blick in bodenlose Tiefen. Der Abstieg aus der Scharte auf das markante Band, das von der Cima Capi herüberkommt (Wegvariante unter Umgehung der Cima Rocca) und den gesamten Felskessel des innersten Val Sperone umzieht, erweist sich aber als recht harmlos. Drahtseile sichern die ausgesetzten Passagen am teilweise luftigen Gang hinüber zu der kleinen, von einem Hochspannungsmast »geschmückten« Scharte im Rücken des Monte di Riva (865 m). Dahinter gehts endgültig abwärts, zunächst im Zickzack, vorbei an einer guten Quelle, dann flacher in längerer Hangquerung und schließlich auf breitem Weg hinaus zur Bastione (211 m) und hinunter nach Riva.

↑ Sentiero delle Laste

Alternativer Anstieg von Biacesa (418 m) zum Kirchlein San Giovanni, mit Drahtseilen gesichert. Zwei kurze, aber trittarme Aufschwünge sind mit Haken versehen; die Erbauer des Steiges haben sich dabei allerdings kaum Gedanken über eine sinnvolle Positionierung der Steighilfen gemacht ...

Man folgt dem »Sentèr dei Bech« bis zur signalisierten Abzweigung, Markierung 470. Auf einem ehemaligen Kriegsweg in Kehren bergan gegen die Felsen, dann teilweise mit Drahtseilhilfe über Bänder und durch felsige Rinnen; zwei Aufschwünge sind zusätzlich mit Haken versehen (siehe oben). Schließlich gewinnt der Steig die ehemalige Kriegsstellung unterhalb von San Giovanni. Nun entweder links unter Felsen zum Kirchlein oder rechts mit Hilfe eines grünen Plastikseils (!) über einen Felsaufschwung direkt hinauf zum Bivacco Arcione, *1 Std.* von der Abzweigung.

20
21
22
23

Anregende Kletterei in festem Fels: am »Susatti-Steig«.

24 Via dell'Amicizia

Cima SAT, 1276 m
»Freundschaftsweg« der Trentiner

ziemlich schwierig

6 Std.
km

1200 m

Routencharakter: Klettersteig mittlerer Schwierigkeit; Schlüsselstelle der Route ist eine 40 Meter hohe, senkrechte Leiter. Insgesamt langer und steiler ostseitiger Anstieg; Vormittagssonne!
Ausgangspunkt: Riva (78 m), an der Hauptstraße Richtung Bréscia.
Gehzeiten: Gesamt 6 Std.; Riva – Rifugio Barbara 1 ½ Std., »Via dell'Amicizia« – Cima SAT 2 ¼ Std., Abstieg 2 ¼ Std.

Highlights: Tiefblicke auf Riva und das oberste Becken des Gardasees; die langen Leitern!
Einkehr: Rifugio Barbara (560 m), meist nur an Wochenenden bewirtschaftet. Besser also auf Selbstversorgung setzen.
Fototipp: Gute Motive auf den Leitern sowie unter dem Gipfel hinab zum See. Achtung: Jedoch Nachmittags liegt die gesamte Route im Schatten.

Luftig-lustiges Finale an der »Via dell'Amicizia«.

Im Jahr 1972, zum hundertsten Geburtstag der »Società degli Alpinisti Tridentini« (SAT), wurde die »Via dell'Amicizia« eröffnet, ein Jubiläumsgeschenk des Trentiner Alpenclubs an die Bergsteigergemeinde. Dass die Ferrata so gut angekommen ist, liegt natürlich am faszinierenden Landschaftsrahmen, aber auch an dem spektakulären Verlauf der Route. Die schier endlos langen Leitern der »Amicizia« dürften mittlerweile in der Klettersteigler-Gemeinde berühmt sein.

Und dann die Vogelschau auf die Dächer von Riva, dessen historischer Kern die nördlichste Bucht des Gardasees umschließt! Am Hafen fällt der 35 Meter hohe Torre Apponale auf, bereits 1220 als höchster Stadtturm erwähnt, sowie die ehemalige Wasserburg der Scaliger. Man muss sie früher für unbezwingbar gehalten haben, ist doch in einer alten Chronik nachzulesen, dass »ein einziger Mann in der Feste ausgereicht hätte, um tausend Angreifern die Stirn zu bieten, ohne dass er dabei außer Atem gekommen wäre.«

Leicht außer Atem dürfte dagegen manch eine/r auf dem »Steig der Freundschaft« geraten, beim Hinaufturnen über die langen Leitern, und dazu noch arg ins Schwitzen, denn Schatten gibt es oberhalb der Barbarahütte nurmehr in kleinsten Portionen. Als Belohnung ist oben auf dem SAT-Zacken dann ein großer Schluck aus der Flasche fällig – gut einen Kilometer über den winzigen Surfsegeln auf dem vom Nordwind gekräuselten Wasser des Benacus.

→ **Anfahrt** Riva (78 m) erreicht man von der Brennerautobahn auf guten Straßen, 40 Kilometer von Trento, 17 km von der Ausfahrt »Rovereto Sud-Lago di Garda Nord«.

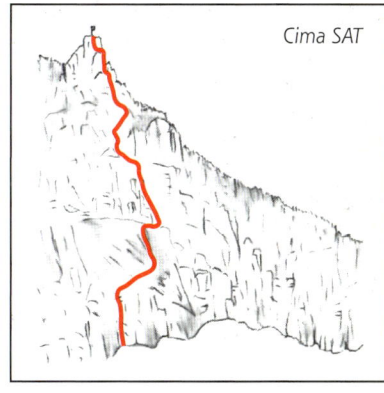

Cima SAT

Cima SAT.

24

↗ **Zustieg** Von der Hauptstraße nach Bréscia, auf der Bergseite von Riva (große Schautafel) auf gepflastertem, breitem Zickzackweg zur Bastione (211 m), dann mit der rot-weißen Markierung »404« am teilweise bewaldeten Steilhang der Rocchetta hinauf zum Rifugio Barbara (560 m). Unterhalb des Kirchleins Santa Barbara zweigt rechts der Zugang zur Ferrata ab (Wegzeiger).

↑ **Via dell'Amicizia**

Schräg aufwärts zum Einstieg (700 m), dann an Drahtseilen über gestufte Felsen zur ersten Leiter: 40 Meter in der Vertikalen, mit einer Plattform auf halber Höhe. Eine sehr willkommene Gelegenheit zum Verschnaufen, denn wer mag schon in einem Zug die Fassade eines fünfzehnstöckigen Hochhauses erklettern? Also langsam steigen, auch wenn man gerne raus aus der Senkrechten möchte. Dies gilt noch mehr für die zweite, 70 Meter lange Leiter, deren Fuß man nach einem weniger anspruchsvollen Wegabschnitt erreicht. Obwohl nicht

Vogelschaublick von der Via dell'Amicizia: Riva und sein Hafen.

Tipp

Die »Via dell'Amicizia« lässt sich gut mit den anderen Klettersteigen an der Rocchetta kombinieren. Dazu muss man zunächst in die Bocca Sperone (987 m) absteigen, ³/₄ Std. von der Cima SAT. Nun entweder auf dem »Sentiero dei Camminamenti« (⇨ Tour 22) über die Cima Rocca (1089 m) oder um den Gipfel herum zur Cima Capi (909 m) und zum »Sentiero Susatti« (⇨ Tour 20).

mehr so steil und luftig, bringt einen die endlose Sprossenreihe ordentlich ins Schwitzen. Ausstieg: aufatmen. Der Rest ist vergnügliche Zugabe mit zwei kurzen Leitern, ein paar Drahtseilen, dann steht man auf dem Gipfelchen (1276 m). Dass es eigentlich nur ein felsiger Zacken in der Ostflanke der Rocchetta ist, stört überhaupt nicht – zu schön ist der Blick auf Riva, den See und talaufwärts nach Arco; *2 ¹/₄ Std.*

24

↘ **Abstieg** Von der Cima SAT an Drahtseilen kurz abwärts, dann hinüber zum querführenden Weg 418. Hier rechts und auf dem »Sentiero Crazidei« in unzähligen Kehren durch das Val Mera bergab. Auf einem breiten Karrenweg, Markierung »402«, zurück nach Riva.

25 Sentiero attrezzato del Colodri

Colodri, ca. 350 m
Kleine Ferrata mitten im Kletterrevier

mittel

2 Std.
km

260 m

Routencharakter: Kleine Übungsferrata, von Kletterern gerne als bequemer Abstieg benützt. Hübsche Aus- und Tiefblicke auf den Burgfelsen von Arco und zur Sarca.
Ausgangspunkt: Prabi (92 m), Campingplatz 1 km nördlich von Arco.
Gehzeiten: Gesamt 2 Std.; Klettersteig ³/₄ Std., Abstieg nach Arco ³/₄ Std.,

Rückweg nach Prabi ¹/₂ Std.
Highlights: Tiefblicke von der Ferrata ins Sarcatal.
Einkehr: Café am Fuß des Colodri (Schwimmbad)
Fototipps: Wer ein Tele dabei hat, kann Extremkletterer knipsen. Am Rücken des Colodri faszinierendes Karrenfeld.

Ein Städtchen wie aus dem Italienprospekt: enge, verwinkelte Gässchen, altersgraue Mauern, die sich an den steilen Burgfelsen lehnen, eine mediterran üppige Vegetation. Kein Wunder, dass Albrecht Dürer, als er auf seiner Venedigreise 1495 in Arco vorbeikam, zum Zeichenstift griff, wie knapp 300 Jahre später Goethe. Sehr früh schon – in den Pioniertagen des Tourismus – entdeckten sonnenhungrige Nordländer, denen der deutsche Winter zu kalt, zu grau war, die Schönheiten des unteren Sarcatals. So nennt der »Baedeker« bereits vor der Jahrhundertwende eine ganze Anzahl von Hotels und Pensionen, lobt er das Klima als »dem von Gardone ähnlich, aber noch etwas ärmer an Niederschlägen«.

Das malerische Ambiente von Arco ist geblieben, wenn auch um einige wenig ansprechende moderne Zubauten ergänzt, geblieben sind auch die Kurgäste. Besucher ganz anderer Art, deren Sinn keinesfalls nach Lustwandeln und Erholung steht, findet man heute in Arco ebenfalls. Ihr Mekka sind die senkrecht, mitunter sogar überhängend zur Sarca hin abfallenden Wände im Rücken von Arco, die sich an der Sarca weit talaufwärts ziehen. In den südlichen Ausläufern dieses riesigen Klettergebietes – von Insidern spöttisch als »El Capitan der Armen« bezeichnet – gibt es einen kleinen Klettersteig, ursprünglich als bequemer Abstieg für die »Climber« angelegt, aber längst von der Ferrrata-Gemeinde okkupiert: eine Übungsroute in höchst reizvol-

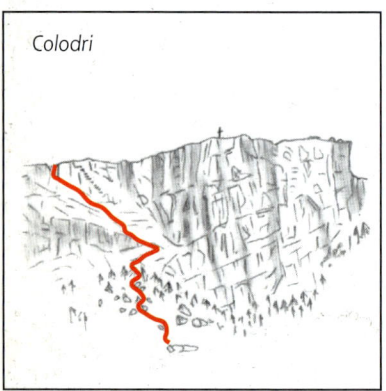

Colodri

Tipp Beliebte Anlaufstelle für Biker und Bergsteiger ist der Campingplatz bei Arco, direkt am Fuß der Kletterfelsen von Colodri. »Camping Arco«, Prabi di Arco; Tel. 0464/51 74 91. Sehr gut (aber nicht billig) isst man im »La Lanterna« (Zufahrt vom Campingplatz in Richtung Ceniga, Via L. Cecoslovacchi, 30; Tel. 0464/51 70 13. Eine vorzügliche Pizza gibt es im »Pace«, und nachher treffen sich Biker und Climber zu »caffè e vino« in der Bar Trentino (es gibt auch Weißbier). Ist es dort zu voll: Bar Centrale um die Ecke, Paulaner vom Fass.

lem Ambiente mit hübschen Ausblicken.

↑ Sentiero attrezzato del Colodri

Der Trimmpfad (»Sentiero Vita«) im Bergsturzgelände oberhalb von Prabi (92 m) ist Ausgangspunkt der Mini-Ferrata. Sie quert zunächst nach rechts unter die Colodrimauer, um dann in einer langen Diagonale nach links in die nur mäßig steile Felsflanke zu queren. Die Route ist bestens gesichert; während des Anstiegs genießt man

25

Romantische Kulisse: der Burgfelsen von Arco.

Steile Passage am »Colodri-Steig«.

packende Tiefblicke ins Sarcatal, zum markanten Rücken des Monte Brione (376 m) und zum obersten Gardasee. Über einen fast senkrechten, mit ein paar Eisenstiften gangbar gemachten Kamin läuft der Klettersteig auf den abgeflachten Rücken des Colodri aus. Rechts, ein paar Meter höher, steht das große Kreuz (340 m).

↘ **Abstieg** Gut markiert über einen steinigen, teilweise verstrauchten Hang westwärts hinab zum Wallfahrtskirchlein Santa Maria di Làghel (220 m). Auf einem Sträßchen durch den Olivenhain von Arco hinunter ins Städtchen und zurück nach Prabi.

Rechts: Die steile Treppe am »Sentiero degli Scaloni«.

Eine lohnende Alternative bietet die Überschreitung des Monte Colt (437 m) nach Ceniga; Rückweg durch das Tälchen von Làghel; Gehzeit dann etwa 4 1/2 Stunden.

Sentiero dell'Anglone und Sentiero degli Scaloni

26

Coste dell'Anglone, ca. 520 m
Aussichtswandern über dem Sarcatal

 ○ leicht

 km 3 Std.

 400 m

Routencharakter: Harmlose gesicherte Wege, ergeben eine hübsche Halbtagsrunde über dem untersten Sarcatal.
Ausgangspunkt: Brücke über die Sarca bei Dro (123 m).
Gehzeiten: Gesamt 3 Std.; »Sentiero dell'Anglone« 1 Std., Höhenweg 1 Std., Abstieg und Rückweg nach Dro 1 Std.
Highlights: Tiefblicke auf das Sarcatal.
Einkehr: Keine.
Fototipp: Leitern am »Sentiero degli Scaloni«. Achtung: am besten die Vormittagssonne nutzen.

Das untere Sarcatal ist ein Dorado für Kletterer; an seiner Westflanke finden sie fantastischen Kalk, Boulderfelsen und Reibungsplatten. Nicht zufällig hat sich Arco zu einem Mekka der Szene entwickelt, werden hier Meisterschaften ausgetragen, sind Routen wie die »Katia Monte« oder »Sodom und Gomorrha« längst Klassiker. Und im »Piccolo Dallas« trifft man sich dann bei der Pizza zur Nachlese: Insider. Also nicht unbedingt die passende Gesellschaft für den braven Wanderer, der gebahnte Pfade vorzieht und respektvoll Distanz zur Vertikale hält. Doch sogar für ihn gibt es – sofern er einigermaßen

26

schwindelfrei ist – eine Durchstiegsmöglichkeit in diesem Steilgelände, zwei sogar, beide markiert und gesichert, die sich zu einer hübschen Runde verbinden lassen. Sie führt von der Sarca hinauf zu den Coste dell'Anglone (oder Angióm, wie die Einheimischen sagen), ein paar hundert Meter über dem Talboden; die Steilheit des Geländes garantiert prickelnde Tiefblicke zum Fluss und zu den Marocche. Dieses riesige Bergsturzgelände, das nördlich von Dro den Talboden ausfüllt, belegt eindrucksvoll, dass auch Berge nicht für die Ewigkeit gemacht sind. In die danteske Trümmerlandschaft vermag selbst der Lago di Cavédine (241 m) kaum einen freundlichen Akzent zu setzen. Bis zu 250 Meter hoch türmen sich die Gesteinsmassen, die nach dem Rückzug des mächtigen Etschgletschers, am Ende der Eiszeit also, von den übersteilen Flanken des Monte Brento (1545 m) und des Monte Casale (1632 m) abbrachen. Gegen 750 Millionen Kubikmeter sollen damals zu Tal gedonnert sein. Das entspricht immerhin einem Würfel mit Kantenlängen von 900 Metern!

Aus Steinen, vergleichsweise wenigen allerdings, besteht auch Castel Drena, das sich mit seinem wuchtigen Bergfried unterhalb des gleichnamigen Dörfchens auf einem Geländesporn erhebt. Heute wohnen keine Rittersleut' mehr auf dem Schloss, dafür wird es gerne von Klettersteiglern angepeilt (⇨ Tour 27).

→ **Anfahrt** Dro (123 m) liegt etwa 5 Kilometer nördlich von Arco an der Straße nach Trento. Parkmöglichkeit im Bereich der Brücke über die Sarca.

↑ **Sentiero dell'Anglone**

Von den Coste dell'Anglone bietet sich eine freie Sicht auf Castel Drena, doch erst einmal muss man hinauf, über die Wandstufe zu der bewaldeten Terrasse. Das geht zwar überraschend leicht, verlangt aber schon einen sicheren Tritt. Den Hinweisen »San Giovanni« folgend, erreicht man nach einer Viertelstunde den Felsfuß. Der kunstvoll angelegte Steig mit der Markierung »425« schwindelt sich durch den Steilabfall, an einigen Stellen ist er mit Sicherungsseilen versehen. Wer hier ins Schwitzen gerät, dem sei gesagt, dass die Bauern früher bei Trockenzeiten sogar das Wasser über diese steile Rampe zu ihren Feldern auf den Coste hinaufschleppten – auf dem Buckel! An diese (gute?) alte Zeit erinnern die überwucherten Terrassen und ein paar alte Wassertröge. Bei der Abzweigung oberhalb der Felsen (ca. 430 m) hält man sich links und folgt dem Weglein, das mit schönen Aus- und Tiefblicken quer über die Hangterrasse läuft, Markierung »428 bis«.

↘ **Abstieg: Sentiero degli Scaloni** Kurz vor Beginn des Abstiegs heißt es aufpassen, beschreibt der Pfad doch einen scharfen Rechtsknick. Wenig später stößt man auf den »Sentiero degli Scaloni«, einen ehemaligen Kriegssteig, 1915 von den Österreichern angelegt. Drahtseilsicherungen auch hier; zwei lange Leitern führen im Rücken eines abgespalteten Felsens steil abwärts. Schließlich entlässt einen das Steiglein in den Wald, und beim Maso Lizzone (122 m) biegt man in das Sträßchen ein, das parallel zur Sarca zurückleitet nach Dro.

26

Am »Sentiero degli Scaloni«.

27 Sentiero attrezzato Rio Sallagoni

Castel Drena, 380 m
»Schluchteln« einmal ganz trocken

schwie-rig

1 Std.
km

180 m

Routencharakter: Kurzer, aber sportlicher Schlucht-Klettersteig; wenig Felsberührung, dafür braucht's Armkraft. Besonderer Gag: die Dreiseilbrücke im mittleren Klammabschnitt.
Ausgangspunkt: An der Straße von Dro nach Drena.
Gehzeiten: Gesamt 1 Std.; Ferrata 40 Min., Abstieg 20 Min.
Highlights: Nach außen hängende Querungen, Engstellen unter Klemmblöcken, Hängebrücke.
Einkehr: In Drena (393 m).
Hinweis: Castel Drena kann besichtigt werden; es finden in den historischen Räumen auch regelmäßig Ausstellungen statt.
Fototipp: Gute Bilder gibt es in der Klamm nur mit Blitz (kaum Sonne): Querungen, bizarre, ausgewaschene Felsen, Action auf der Hängebrücke.

Der erste Blick gehört der (jüngst restaurierten) Burg von Drena, erst beim zweiten Hinschauen entdeckt man den schmalen Riss in der bewaldeten Steilflanke unterhalb des Schlosses. Hier hat sich der Rio Sallagoni tief ins Kalkgestein gegraben, eine pittoreske Klamm geschaffen, deren Wände im Mündungsbereich an mehreren Stellen gerade noch einen knappen Meter voneinander entfernt sind – faszinierende Kulisse für eine kleine Ferrata. Sie hat durchaus sportlichen Charakter, trotz eher üppiger Sicherungen. Die sind aber auch notwendig, bietet der abgeschliffene Steilfels doch oft nicht einmal den kleinsten Tritt. So ist man richtig froh um die soliden, wenn auch gelegentlich (zu) weit auseinander stehenden Eisenbügel. Kleingewachsene müssen sich jedenfalls mächtig strecken, um auch ans nächste Eisen zu kommen ...

Der spezielle Gag folgt dann weiter taleinwärts: eine kühn übers Wasser gespannte, etwa 20 Meter lange und ziemlich schwankende Dreiseil-Hängebrücke. Wer sich der luftigen Konstruktion nicht anvertrauen mag, kann sie bequem auf fester Unterlage umgehen.

➔ **Anfahrt** Von Arco bis Dro (123 m), dann auf guter Straße Richtung Drena. Nach Beginn der Steigung, etwas oberhalb der Sallagoni-Schluchtmündung, rechts Picknickplatz mit Parkmöglichkeit.

➚ **Zustieg** Beim Picknickareal Hinweis auf den Klettersteig. Auf einem Sandsträßchen rechts zu einem ENEL-Stollen, dann halbrechts kurz abwärts zu einem querführenden Weg und links zur Mündung der Klamm.

↑ **Sentiero attrezzato Rio Sallagoni**
An soliden Sicherungen über die glatte Einstiegswand schräg aufwärts, dann ein paar Meter über dem Wasser in die malerische Klamm. Eine

nach außen hängende Querung strapaziert den Bizeps ganz ordentlich; gleich dahinter (!) kann man links über ein paar Eisenbügel aussteigen. Weiter vorwiegend »auf Eisen« durch die enge Schlucht, mit einem Spreizschritt an die gegenüberliegende Wand, dann unter einem Klemmblock hindurch und zum Ausstieg auf einen Fußweg. Der gabelt sich wenig später: rechts am Hang aufwärts, links übers Wasser und unter den Felsen hinauf zur Hängebrücke. Wow!

Der Weiterweg schluchteinwärts verläuft durch eine Kulisse, die vor allem romantische Gemüter anspricht; einige Passagen, obwohl wenig schwierig, sind noch gesichert, einmal führt der Pfad durch einen engen Felsspalt. Auf einem Brücklein geht's erneut über den Rio Sallagoni. Die Spur steigt hinauf zur Burgmauer von Castel Drena; zuletzt steigt man über eine kleine Holztreppe direkt zum Schlosstor aus, *40 Min.*

↘ **Abstieg** Auf markiertem Weglein (»Passegiata«), die weiten Straßenschleifen abkürzend, hinunter zum Ausgangspunkt der Runde.

Alte Mauern: Castel Drena.

28 Via ferrata Ernesto »Che« Guevara

Monte Casale, 1632 m
Der Super-Ferrata über dem Sarcatal

● **ziemlich schwierig**

🚶🚶 **7 ¾ Std.**
km

⛰️ **1380 m**

Routencharakter: Extrem langer, landschaftlich grandioser Klettersteig von mittlerer Schwierigkeit. Unterhalb der Klammerreihen, etwa auf halber Strecke, einige beschädigte Sicherungen (2002), nach oben hin ist dann zunehmend Kondition gefragt. Die Route liegt voll in der Morgensonne – kein Wasser unterwegs! Abstieg ebenfalls teilweise gesichert, bei Nässe gefährlich steil (dann evtl. nach Comano absteigen).

Ausgangspunkt: Pietramurata (254 m).
Gehzeiten: Gesamt 7¾ Std.; »Ferrata Guevara« 5 Std., Abstieg über Rifugio Don Zio 2¾ Std.
Highlights: Der Klettersteig ist in allen Abschnitten ein einziges Highlight.
Einkehr: Rifugio Don Zio (1610 m), bewirtschaftet Mai bis Oktober an Wochenenden.
Fototipp: Ausreichend Filmmaterial mitnehmen!!

Die »Via Pisetta« mag der anspruchsvollste Klettersteig der Gardaseeregion sein, der »Che Guevara« ist ganz klar der schönste weitum. Da steht man an der Hauptstraße und guckt hinauf in den gigantischen, fast anderthalb Kilometer hohen Ostabsturz des Monte Casale, kriegt eine leichte Genickstarre dabei. »Unmöglich!« ist der erste Gedanke, »fantastisch!« der nächste. Und Superlative verdient die Ferrata tatsächlich; ein besonderes Kompliment gebührt allerdings Giorgio Bombardelli, der das scheinbar Unmögliche geschafft hat: eine nur mäßig schwierige Route durch diese Riesenwand zu legen, exponiert im Verlauf natürlich, steil auch und sehr lang. Wer gut drauf ist, keine Konditionsprobleme hat, wird die Tour als einen Genuss ohnegleichen erleben: la ferrata più bella del Garda!

➔ **Anfahrt** Pietramurata (254 m) liegt an der Straße zum Gardasee, 21 Kilometer von Trento, 20 Kilometer von Riva. Ausgangspunkt am nördlichen Ortsende, unweit der Brücke über die Sarca. Parkmöglichkeit an der Staatsstraße; Hinweise auf den Klettersteig.

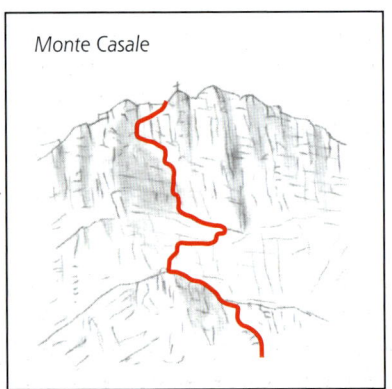

Monte Casale

↗ **Zustieg** An der Zufahrt zu dem (immer weiter anwachsenden) Steinbruch, ein paar Meter von der Hauptstraße, weist eine große Schrift (»Via ferrata«) zum Klettersteig. Auf

der Schotterspur nur kurz rechts aufwärts, dann gleich links (Pfeil auf einem Stein) und über den licht bewachsenen Rücken ins Bergsturzgelände am Fuß der Casale-Ostwand. Ungesichert über den Felsvorbau, dann nach links (deutliche rote Markierungen) in längerer Querung mit ganz kurzen, leichten Kletterstellen (I-II) zum neuen Einstieg der Ferrata (ca. 565 m). Hier mündet der aufgelassene Originalzustieg (nicht mehr begehbar!).

Tiefe, bodenlos: Blick vom Monte Casale auf den Toblinosee.

⬆ Via ferrata Che Guevara
Den soliden Sicherungen folgend auf den felsigen Buckel im Vorgelände der Wand mit der kleinen Bait dei Pini (620 m). Ungesichert über leichte Felsen (I) in eine winzige Scharte (675 m). Nun den straff gespannten Drahtseilen folgend mit gelegentlich kräftigem Armzug

Große Tour in großer Kulisse: an der Ferrata »Che Guevara«. über die sehr kompakte Mauer aufwärts; die Route sucht sich geschickt den leichtesten Weg, gewinnt schließlich ein markantes Horizontalband (ca. 820 m). Nun weniger steil rechtshaltend zu einem Rastplatz mit dem süß-aufmunternden Namen »Tiramisu« (ca. 880 m). Über eine steile Felsstufe, dann auf einem weiteren Band nach links (beschädigte Seile) zum Beginn längerer Klammerreihen (ca. 1000 m). Die anregend-luftige Turnerei mündet in leichteres Gelände; teilweise noch an Fixseilen gewinnt man das mit Büschen bewachsene Maurizio-Band, wo man sich ins Routenbuch eintragen kann (1200 m). Auf dem Band nach links, dann über eine breite Geröllrinne (Drahtseil) und an dem Hang hinauf zu einer Graskanzel (ca. 1400 m), wo sich ein packender Tiefblick in das unterste Sarcatal bietet (schöner Rast-

28

platz). Weiter an der Steilflanke bergan, über zwei kurze, gesicherte Aufschwünge, dann nochmals mit Seilhilfe an einem felsigen Neben-grat auf den Schlusshang (1545 m) und rechts hinüber zum großen Kreuz, das unmittelbar am Wandabbruch steht, *5 Std*.

↘ **Abstieg** Über die Blumenwiesen zum nahen Rifugio Don Zio (1610 m), dann links auf einem Karrenweg, Markierung »411«, ab-wärts bis in die Senke des Busòn (1345 m); Wegzeiger »Pietramurata, 426«. An den durchlaufenden, zwischen Buchen gespannten Draht-seilen der »Ferratina del Rampin« über den extrem steilen Hang bergab (bei Nässe gefährlich!). Eine Eisenleiter entlässt einen schließ-lich ziemlich geschafft in das flachere Gelände der Costa di Massam-piano. Etwas tiefer stößt man auf eine in Kehren verlaufende Forstpis-te, die hinunter führt nach Pietramurata.

Man kann auch nach Sarche absteigen; diese Variante ist mit der SAT-Markierung 427 versehen. Wegzeiger leiten vom Rifugio Don Zio über das Gipfeldach des Monte Casale bis zum nordseitigen Abbruch. Nun sehr steil und unangenehm rutschig abwärts. Man balanciert da-bei auf einer beweglichen Unterlage aus Laub, lockerer Erde und lo-sen Steinen. Bei Nässe keinesfalls ratsam! Nach etwa 250 »Tiefenme-tern« wird aus der markierten Route endlich ein richtiger Weg, der in angenehmen Schleifen verläuft, die Hauptstraße an einer Kehre quert und schließlich hinabführt nach Sarche (259 m). Hier gleich rechts (Tafeln) und auf einem Sandsträßchen rechts der Sarca zurück nach Pietramurata.

Für Geübte mit guter Kondition ist der Aufstieg das reine Ver-gnügen.

Via attrezzata Rino Pisetta

Dain Picol, 971 m
Das Maß aller Dinge

29

extrem
schwie-
rig

5 Std.

720 m

Routencharakter: Ganz klar das Maß aller (Klettersteig-)Dinge der Region, wesentlich anspruchsvoller als der »Monte Albano«. Die steile, extrem ausgesetzte Route ist bloß mit einem durchlaufenden Drahtseil gesichert, keine künstlichen Tritte. Wer am Einstieg Probleme bekommt, sollte auf jeden Fall umkehren – es wird nach oben hin nicht leichter!

Ausgangspunkt: Sarche (259 m).
Gehzeiten: Gesamt 5 Std.; Zustieg 1 Std. »Via Pisetta« 2 $\frac{1}{2}$ Std., Abstieg 1 $\frac{1}{2}$ Std.
Highlights: Unterwegs sein in einer Route des V. Schwierigkeitsgrades – wenn auch am Drahtseil.
Einkehr: In Ranzo (746 m).
Fototipp: Action am Klettersteig, Tiefblicke auf den Toblinosee.

Neben dem Dain Alt (Monte Casale, 1632 m) wirkt der Dain Picol (Monte Garzolè, 971 m) ja recht mickrig, trotz seiner senkrechten Felsstirn, doch Insider wissen natürlich, dass hier (wie so oft) der Schein trügt: Die »Via attrezzata Rino Pisetta«, vor bald zwanzig Jahren (1982) eröffnet, ist der Prüfstein schlechthin für alle, die zu den »Esperti« der Zunft gehören möchten – man muss sie einfach gemacht haben. So manche/r ist allerdings schon am Berg (und seinen Ansprüchen) gescheitert, hat vorzeitig die Segel gestrichen. Klettererfahrene

Links: An der Ferrata »Che Guevara«.

Steiler Zacken über dem Sarcatal: der Dain Picol.

sind hier eindeutig im Vorteil, bietet die logisch angelegte Route doch fast überall kleine Tritte und Griffe in bestem Fels. Wer's richtig macht, spart also viel Kraft, hat auch mehr Muße, die faszinierenden Tiefblicke auf Sarche und zum Toblinosee zu genießen.

→ **Anfahrt** Sarche (259 m) liegt an der Straße zum Gardasee, 19 Kilometer von Trento, 22 Kilometer von Riva. Parkplatz.

↗ **Zustieg** Vom Parkplatz (großes Hinweisschild an der Straße), vorbei an einer riesigen Steineiche, auf einem Zickzackweg bergan, zuletzt über Geröll und ein paar leichte Felsen hinauf zum Einstieg (570 m).

↑ **Via attrezzata Rino Pisetta**

Der Auftakt – senkrecht und trittarm

Steil und extrem ausgesetzt: die Spitzenroute am Dain Picol.

– sorgt gleich für eine Selektion: Wer hier bereits Probleme hat, sollte vernünftigerweise das signalisierte Angebot zum Rückzug (»Rientro d'emergenza«) nicht ausschlagen, nehmen die Anforderungen doch nach oben hin eher noch zu. Für besonderen Nervenkitzel sorgt eine praktisch trittlose Querung; atemberaubend dabei der Tiefblick auf die Häuser und Obstgärten von Sarche. Kaum weniger luftig, aber erheblich anstrengender sind dann die folgenden 50 Meter im Steilfels, nur kurz unterbrochen von einer winzigen, bewachsenen Kanzel; dann lehnt sich die Wand etwas zurück, und durch eine Rinne gewinnt man eine komfortable Terrasse (ca. 760 m), die zu einer Verschnaufpause einlädt. Nach einer kurzen, aber doch luftigen Linkstraverse folgen wir an einem Pfeiler nochmals etwa 120 Meter nahe der Vertikale, dann sind die Hauptschwierigkeiten ge-

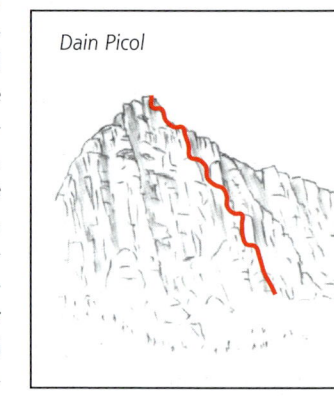

Dain Picol

Solo per
esperti: die
»Via Pisetta«.

schafft. Im »Libro della via« wird die erfolgreiche Begehung der »Pisetta« vermerkt; anschließend steigt man vergleichsweise gemütlich hinauf zum Gipfelgrat und über ihn zum höchsten Punkt; *2 ¹/₂ Std.*
Abstieg Am breiten Nordrücken des Dain Picol bergab gegen Ranzo (746 m). Vor dem Dorf links (Hinweis) zur Kapelle San Vigilio (719 m) in hübscher Lage hoch über der wilden Sarcaschlucht. Auf einer Mulattiera abwärts zu einer Rechtskehre, hier geradeaus und auf schmalem Pfad weiter hinunter zu einer Forstpiste. Man folgt ihr ein Stück weit, verlässt sie dann nach rechts und steigt ab zum Pisetta-Zustieg (ca. 480 m). Auf ihm hinunter nach Sarche.

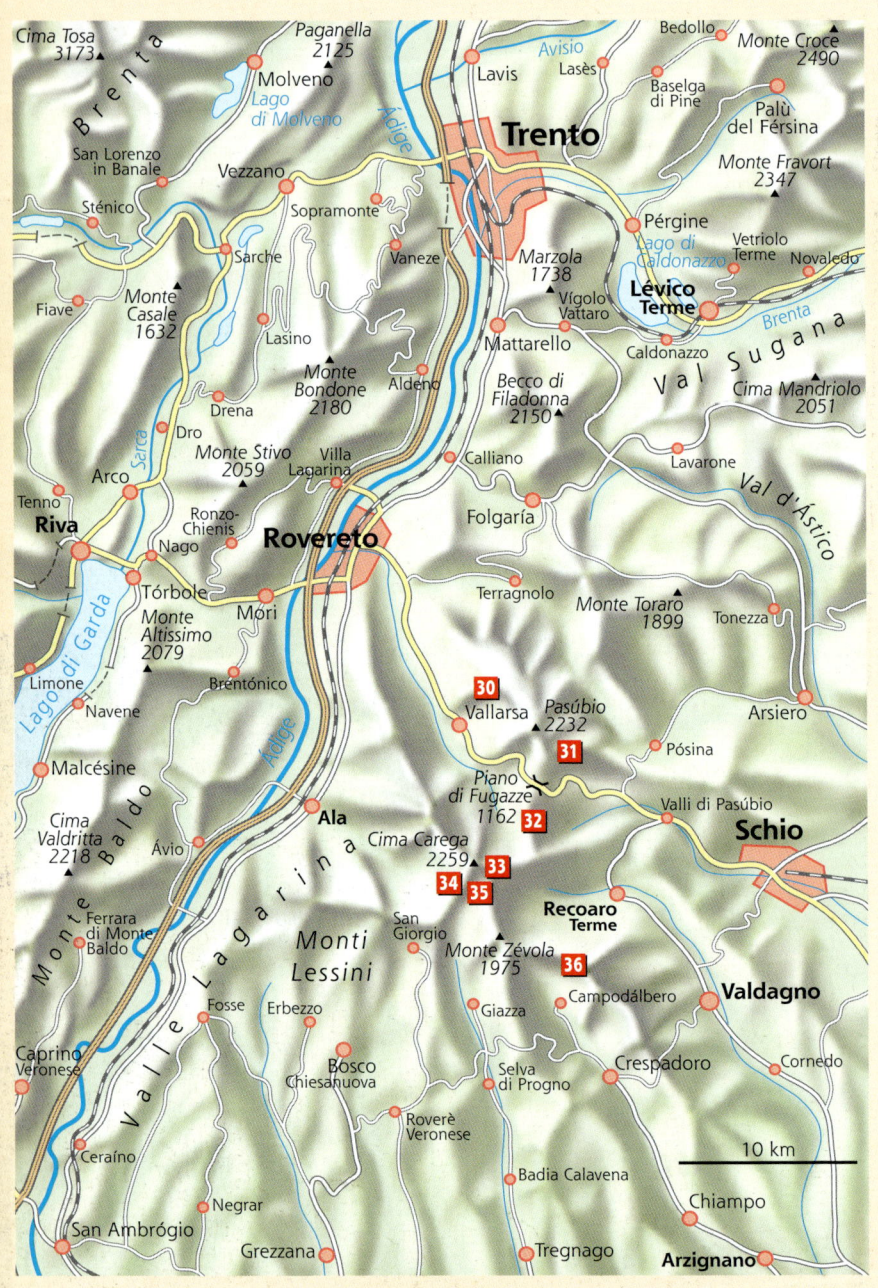

Pasubio und Monti Lessini

Die Jungs mit den schweren Maschinen haben sie längst entdeckt, die Berge (und Serpentinenstraßen) zwischen dem unteren Etschtal (Val Lagarina) und Vicenza; für die meisten Wanderer und Klettersteigler hierzulande sind Pasubio und Monti Lessini allerdings immer noch »terra incognita«. Zu Unrecht, bietet diese Bergregion am Südsaum der Alpen doch eine Fülle herrlicher Tourenmöglichkeiten, und im Frühsommer blüht es hier besonders üppig. Nicht ganz zufällig werden die Zacken über dem Passo Pian delle Fugazze als »Piccole Dolomiti« bezeichnet: Dolomitenzauber im Hinterland von Verona. Und dazu gehören – natürlich! – auch ein paar schöne Vie ferrate, die teilweise allerdings unheilige Väter haben, auf den Ersten Weltkrieg zurückgehen (noch eine Parallele), wie beispielsweise der »Sentiero Galli« (⇨ Tour 30) oder der »Sengio-Alto-Höhenweg« (⇨ Tour 32). Grandiose Landschaftsbilder vermittelt der »Sentiero Falcipieri« (⇨ Tour 31), der über fünf Gipfel am Pasubio führt, ein richtiger Abenteuerpfad ist der »Sentiero Pojesi« am Caregastock (⇨ Tour 34). Und sogar für Akrobaten mit dickem Bizeps gibt es eine echte Herausforderung: die 100-Meter-Vertikale der »Ferrata Biasin« (⇨ Tour 35).

Am Fumante-Kamm, Blick zum Pasubio.

30 Sentiero Franco Galli

Corno Battisti, 1761 m
Gipfeltour am Rand des Pasubiomassivs

leicht

5¾ Std.
km

1200 m

Routencharakter: Interessante Gipfel-runde auf alten Kriegssteigen und -stol-len; leicht, Taschen- oder Stirnlampe empfehlenswert. Im Frühsommer ein-malige Flora.
Ausgangspunkt: Anghébeni (632 m) im Vallarsa.
Gehzeiten: Gesamt 5 ¾ Std., Aufstieg 3 ½ Std., Abstieg 2 ¼ Std.

Highlights: Stollen am Corno Battisti, Blumen.
Einkehr: keine.
Fototipp: Viele gute Motive am Anstieg, Blitzgerät vorteilhaft (Tunnels). Beim Ab-stieg kommt dann mehr die Vorsatzlinse zum Einsatz: Fiori!

Alter Kriegs-stollen am »Sentiero Galli«.

Er ist kein Berg wie jeder andere, der Monte Corno Battisti, doch das hat weniger mit seiner beherrschenden Position über dem mittleren Vallarsa zu tun, sondern historische Gründe. In der Nähe des Gipfels, am namenlosen Punkt 1778 auf der Karte des I.G.M., wurde im Juli 1916 Cesare Battisti von den Österreichern gefangen genommen. Bat-

tisti, Trentiner Patriot und treibende Kraft in der Bewegung der Irridenta, die für den Anschluss »unerlös-ter italienischer Volks-tumsgebiete« an Ita-lien kämpfte, kam vor ein Militärgericht, das ihn als Deserteur zum Tode verurteilte. So wurde er zum Volkshelden, und der Corno di Vallarsa er-hielt einen neuen Namen.

Der markante Fels-gipfel war während des Ersten Weltkrie-ges stark befestigt; der 1987 markierte und abschnittweise

Ein kurzer, gesicherter Abstecher führt zum einst befestigten Felsturm von Pulcinella.

gesicherte »Sentiero Galli« folgt auch weitgehend alten Kriegssteigen und -stollen und ermöglicht so eine interessante Überschreitung des Bergstocks.

➜ **Anfahrt** Das Dörfchen Anghébeni (632 m) liegt im Vallarsa, an der Straße zum Passo Pian delle Fugazze, 15 km von Rovereto. Parkplatz (649 m) am südlichen Ortsrand neben der Schule.

↗ **Zustieg** Von Anghébeni auf einem ehemaligen Kriegssträßchen ins Valle di Foxi. Nach einem Kilometer (Tafel) links ab, gleich wieder links (kein Hinweis!) und im Wald steil bergan durch das Val di Grobe, erst als Ziehweg, dann als schmale Zickzackspur. Bei einer Hütte wendet sich der Weg nach links gegen den Monte Trappola (1421 m). Am Grat stößt man zunächst auf einen Alternativzustieg von Anghébeni, wenig weiter auf den von Valmórbia (643 m) heraufkommenden Steig.

↑ **Sentiero Franco Galli**

Links vom Grat in eine Steilrinne, die man am Drahtseil durchsteigt, dann in den ersten Tunnel. Höher am Grat, nach einer gesicherten Pas-

Luftiges Band am »Sentiero Galli«.

sage, folgt der zweite kurze Stollen (kann umgangen werden), wenig weiter weist ein Schild nach links zur ehemaligen Stellung am Felsturm Pulcinella (lohnender kleiner Abstecher; Treppe, Drahtseile). Am »Sentiero Galli« weiter zur winzigen Selletta del Trappola, gleich dahinter am Felsfuß links aufwärts zu einem kurzen Tunnel. Man verlässt ihn über ein paar zementierte Stufen und quert hinaus in den Canalone Battisti. Aufwärts bis zum Ansatzpunkt der markanten Terrassse, die Vor- und Hauptgipfel des Corno Battisti trennt. Hier durch das »Löwenmaul« (Bocca di Leone) in eine gut 300 Meter lange, steile Galerie. Sie hat(te) zwei Ausgänge: der oberste ist verschüttet, doch kann man über einen Nebenstollen, der zunächst steil abwärts führt, aussteigen. Wer keine Lampe dabei hat, verlässt den Tunnel bereits vorher nach links über ein gesichertes Band zum Ansatzpunkt der Battisti-Rinne. Mit Drahtseilsicherung leicht bergan zu einer Felswand, an ihrem Fuß nach links und in Serpentinen in die Selletta Battisti (1718 m). Rechts in zehn Minuten zum Gipfel des Corno Battisti (1761 m).

↘ **Abstieg** Aus der Gratsenke zu einer Weggabelung (Gedenkstätte für Cesare Battisti), dann, dem Hinweis »Rif. Lancia« folgend, kurz an-, dann wieder absteigend, am Kammrücken in die Bocchetta di Foxi (1720 m). Rechts auf einem Militärweg in vielen Serpentinen hinunter ins Valle di Foxi und auf der Schotterpiste zurück nach Anghébeni. Im Frühsommer üppige Flora, u. a. das äußerst seltene Gelbe Waldvögelein.

Sentiero attrezzato Gaetano Falcipieri (Sentiero delle cinque Cime)

31

Cimòn del Soglio Rosso, 2040 m
Fünf Gipfel und 52 Tunnel: die große Runde am Pasubio

 mittel

 7³/₄ Std.

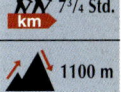 1100 m

Routencharakter: Sehr lange, stark der Sonne ausgesetzte Kammüberschreitung. Nur mäßig schwierig, aber ein Test für die Kondition. Die Tour lässt sich etwas verkürzen, wenn man die Überschreitung am Passo di Fontana d'Oro abbricht; Gehzeit dann 5 ³/₄ Std.
Ausgangspunkt: Bocchetta di Camiglia (1216 m) am Ostfuß des Pasubiostocks.
Gehzeiten: Gesamt 7 ³/₄ Std.; »Sentiero Falcipieri« 5 ¹/₂ Std., Abstieg über die »Strada delle 52 Gallerie« 2 ¹/₄ Std.
Highlights: Kernstück der Route mit der langen Leiter, die »Strada delle 52 Gallerie« – und im Frühsommer: Blumen, Blumen ...
Einkehr: Rifugio Papa (1928 m), bewirtschaftet Mitte Juni bis Mitte September, außerhalb der Saison an Wochenenden.
Fototipp: siehe »Highlights«!

Pasubio. Ein Berg mit Geschichte, trauriger allerdings. Das Kalkmassiv südöstlich von Rovereto war im Ersten Weltkrieg ein Angelpunkt der Alpenfront und entsprechend verbissen wurde hier gekämpft, um jeden Buckel, jede Scharte, ja sogar im Bergesinnern: Man versuchte, die gegnerischen Stellungen zu untergraben und dann in die Luft zu sprengen. So geschehen am 13. März 1916, als die Kaiserjäger rund 50 000 Kilogramm Dynamit unter der Gipfelstellung der Alpini zur Zündung brachten.

Der Kanonendonner ist längst verhallt, unübersehbar sind aber auch heute noch die Kriegsspuren, vor allem natürlich im Gipfelbereich (Cima Palòn, 2232 m), seit 1922 »Zona Sacra«. Wie ein Spinnennetz überziehen Front- und Versorgungswege das Massiv. Dem Nachschub diente auch die »Strada delle 52 Gallerie«, die während des Krieges von italienischen Genietruppen erbaut wurde: 6,5 Kilometer lang mit Höchststeigungen von 22 Prozent, einem halben Hundert Tunnels, von denen zwei spiralförmig verlaufen, über weite Strecken dem Steilfels abgerungen – einer der kühnsten Straßenzüge der Alpen! Er folgt dem Forni-Alti-Kamm von der Bocchetta Campiglia (1216 m) bis zur Porte del Pasubio (1928 m) – keine »Autostrada«, aber noch gut begehbar. Taschenlampe nicht vergessen, denn Tunnel 19 ist immerhin 370 Meter lang!

Sozusagen »ein Stockwerk höher«, unmittelbar am Grat, verläuft der »Sentiero Falcipieri«, ein teilweise gesicherter, großartiger Aussichtsweg über die fünf Gipfel des Forni-Alti-Kamms: Bella Laita (1881 m), Cima Cuaro (1939 m), Monte Forni Alti (2023 m), Cimòn del Soglio Rosso (2040 m), Cima dell'Osservatorio (2027 m): lang, aber nie lang-

An der Guglia del Bovolo.

weilig. Faszinierend die Tiefblicke ins Val Léogra, einmalig das frühsommerliche Blumenmeer am Kamm. Längere gesicherte Abschnitte hat man beim Anstieg zur Bella Laita, mit der einzigen Leiter am Gratzacken der Guglia del Bovolo, und am Monte Forni Alti. Da »Strada« und Klettersteig den gleichen Ausgangs- und Endpunkt besitzen, an der Porte del Pasubio freundlicherweise ein (im Sommer bewirtschaftetes) Haus steht, ergibt sich eine Idealrunde mit ungewöhnlich reizvollem Abstieg. Besonders stimmungsvoll ist die Tour im Herbst, wenn Nebel in den Tälern hängt, auf den Höhen aber die Sonne strahlt und alles in weiche Farben taucht.

→ **Anfahrt** Der Passo Pian delle Fugazze (1162 m) verbindet die Täler von Vallarsa und Léogra, 23 km von Rovereto auf der gut ausgebauten, aber ungewöhnlich kurvenreichen Strada Statale No. 46. Jenseits der Passhöhe hinab bis zur Ponte Verde (901 m), dann auf schmaler Asphaltstraße leicht ansteigend in den Colle Xomo (1058 m). Hier links auf der »Strada degli Scarubbi« bergan zur Bocchetta Campiglia (1216 m). Wanderparkplätze.

↑ **Sentiero Falcipieri (Sentiero delle cinque Cime)**
Aus der Scharte gleich steil, aber schattig bergan. Nach etwa einer Viertelstunde taucht das erste Drahtseil auf, etwas höher am Kamm verlangt ein enger, steiler Kamin mit Fixseil kräftigen Armzug. An-

schließend am Grat weiter; erster Zwischenabstieg zur »Strada delle Gallerie«, am Fuß der Guglia del Bovolo nochmals Hinweis auf die Tunnelstraße. Über gestufte Felsen (Drahtseile) zum Turmfuß, dann auf einer etwa 12 Meter hohen Eisenleiter senkrecht auf ein sehr schmales Band, luftig nach rechts hinaus und an der Nordseite des Kamms mit Drahtseilhilfe über steile Felsen auf einen latschenbewachsenen Hang und zurück zum Grat. An ihm leicht auf die Bella Laita (1881 m), dann mit einer kurzen gesicherten Passage hinüber zur Cima Cuaro (1939 m). Dahinter über zwei steile Felsstufen mit Seilhilfe etwas heikel hinab in die Forcella Camossara (1885 m; links Zwischenabstieg über Geröll zur »Strada« möglich).

31

Abendlicht über der »Strada delle Gallerie«.

31

Gut gesichert über die felsige Ostflanke des Monte Forni Alti (2023 m), von dessen Gipfel man ein weites Panorama genießt. Faszinierend der Tiefblick in die wilden Gräben an der Südflanke des Berges mit seinen bizarren Felszacken.

Nach kurzem Abstieg, in der weiten Wiesensenke des Passo di Fontana d'Oro (1875 m), *4 Std.*, stößt man auf die »Strada delle Gallerie«. Parallel zur Tunnelstraße am Grat entlang, dann über einen kurzen gesicherten Aufschwung auf den Ostrücken des Cimòn del Soglio Rosso (2040 m). Nochmals abwärts bis in Straßennähe, anschließend ein letztes Mal kurz bergan zur Cima dell'Osservatorio (2027 m), einst ein Beobachtungsposten. Heute schaut man nicht mehr auf den Feind, sondern durch kleine Guckröhrchen auf ferne Gipfel.

Fast wie auf Brenta-Bändern: an der »Strada delle 52 Gallerie«.

31

Fester Fels, straff ge- spanntes Drahtseil: am »Sentiero delle cinque Cime«.

Über den Blockgrat abwärts, dann auf guter Spur zur Porte del Pasu- bio. Wenige Schritte weiter, an der »Strada degli Eroi«, steht das Rifu- gio Papa (1928 m).

↘ Strada delle 52 Gallerie

Der Abstieg zur Bocchetta Campiglia ist ein echter Hit, man wandert an bodenlosen Abgründen entlang, tastet sich durch dunkle Löcher, steigt schließlich über Serpentinen hinunter zum Ausgangspunkt der großen Runde. Da bleibt dann nur eine Frage: Was hat mehr Spaß ge- macht, der Klettersteig oder die Tunnelstraße?

32

Sentiero del Sengio Alto

Monte Cornetto, 1899 m
Auf alten Kriegswegen

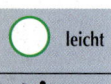

leicht

5 ¾ Std.

950 m

Routencharakter: Ehemaliger italienischer Nachschubweg, abenteuerlich ins steile Felsgelände am Sengio-Alto-Kamm trassiert. Mehrere Tunnels und ein paar leichte gesicherte Passagen.
Ausgangspunkt: Passo Pian delle Fugazze (1162 m).
Gehzeiten: Gesamt 5 ¾ Std.; Passo Pian delle Fugazze – Cornetto 2 ½ Std., Cornetto – Rifugio Campogrosso 2 Std.,

Rifugio Campogrosso – Passo Pian delle Fugazze 1 ¼ Std.
Highlights: Wegverlauf insgesamt mitten in der bizarren Kulisse des Sengio-Alto-Kamms.
Einkehr: Rifugio Campogrosso (1443 m), durchgehend bewirtschaftet Mai bis September, im Oktober nur an Wochenenden.
Fototipp: Weg plus Fels: Motive ohne Zahl.

Natürlich ist der Monte Cornetto (1899 m) keineswegs nur ein »Hörnchen«, wie sein Name suggeriert, obwohl er, was die Höhe betrifft, weder mit dem Pasubio noch mit dem Caregastock konkurrieren kann. Die nähere Umgebung des Passo Pian delle Fugazze dominiert er allerdings locker: ein schroffer Felsgipfel, aus dessen Flanken zahlreiche Türme – groß und klein, dick und dünn – emporragen. Noch mehr bizarre Felsbauten stehen weiter südlich im Sengio-Alto-Kamm: Drei Apostel

(1743 m), Monte Baffelàn (1793 m), schließlich die Sisilla (1621 m), die über eine senkrechte Wand zum weiten Wiesengelände des Passo di Campogrosso (1464 m) abfällt.

Sehr beliebt ist die Überschreitung der filigran gebauten Bergkette vom Pian delle Fugazze zum Campogrosso auf ehemaligen Kriegssteigen. Der kühn in die Westabstürze des Cornetto trassierte »Sentiero d'arroccamento« ist ein kleines Gegenstück zur »Strada delle 52 Gallerie« (➪ Tour 31) drüben am Pasubio, und auch bei der Wanderung am Sengio-Alto-Kamm kommt garantiert keine Langeweile auf!

➜ **Anfahrt** Der Passo Pian delle Fugazze (1162 m) verbindet die Täler von Vallarsa und Léogra, 23 km von Rovereto entfernt auf der gut ausgebauten, aber ungewöhnlich kurvenreichen Strada Statale No. 46. Im Bereich der Passhöhe gibt es große Wanderparkplätze.

↗ **Zugang** Vom Pian delle Fugazze (1162 m) kurz über Wiesen zur Malga Morbi (1207 m), dann im Wald auf ordentlichem Weg schattig bergan zu einer winzigen Scharte im Nordwestgrat des Cornetto (Selletta Nord-Ovest, 1611 m).

↑ **Sentiero d'arroccamento**

Der Einstieg zu dieser »Strada delle Gallerie« befindet sich gleich hinter der Selletta; der kunstvoll trassierte Weg verläuft leicht ansteigend durch die fast senkrechten Felsabstürze über der Alm Boffetàl. »Brenta-Bänder« wechseln dabei mit Tunnels ab; dass der ehemalige Nachschubweg (= ar-

roccamento) auch heute noch in Stand gehalten wird, beweist ein (an *Am »Sentiero* den Fels geketteter) Schubkarren. Faszinierend die Aus- und Tiefblicke; *d'arrocca-* ein düsterer Felswinkel wird mit Kettenhilfe passiert. Aus einer winzi- *mento«.* gen Scharte quert der Weg in die Cornetto-Südwestschlucht. Steil über gestufte Felsen bergan, dann rechts aus der Klamm heraus in den nahen Passo dei Onari (1772 m, Wegzeiger).

↑ **Monte Cornetto**

Der Gipfelweg führt zunächst links aufwärts gegen die Felsen, dann durch kurze Tunnels mäßig ansteigend in die Forcella del Cornetto (1825 m), wo der Ostanstieg mündet. An Ketten über eine Felsrampe, dann in einem Bogen links in eine kurze Rinne, die auf eine winzige Scharte mündet. Dahinter stößt man auf den direkt von der Selletta Nord-Ovest (siehe oben) heraufkommenden Weg. Zum Gipfelaufbau und über Schrofen zum großen Kreuz.

32

↑ Sentiero del Sengio Alto

Am Passo Onari (1772 m) beginnt die Kammüberschreitung zum Passo di Campogrosso. Der gut markierte Weg verläuft, zunächst an Höhe verlierend, auf der Ostseite des Sengio Alto, tangiert dabei aber wiederholt kleine Gratsenken wie den Passo dei Formigari und den Passo delle Giare Bianche (1675 m); mehrfach verschwindet der Pfad kurz im Berg. Auf bequemen Bändern wandert man durch die Steilabstürze der Tre Apóstoli; über zwei Unterbrechungsstellen helfen solide Ketten hinweg. Am Passo del Baffelàn (1661 m) doppelte Verzweigung; man nimmt den mittleren Weg, der ansteigend in eine Block- und Geröllrinne (I-II) führt. Mühsam hinauf in die Forcella del Baffelàn (1738 m), wo sich bei guter Sicht der kleine »Seitensprung« zum Monte Baffelàn (1793 m) anbietet: gestufte Felsen, eine Stelle streift den Schwierigkeitsgrad II, *10 Min.* Das Kreuz am Gipfel wird Ferratisti besonders ansprechen, ist es doch einer Leiter nachempfunden ...

Am Weg 14 von der Forcella del Baffelàn kurz hinunter in den Passo di Gane (1704 m), an der Weggabelung links und kurz bergan zur Westschulter der Cima delle Ofre (1780 m). Dahinter abwärts und flach hinaus zum Rifugio Campogrosso (1443 m).

↘ **Abstieg** Entweder auf der Straße oder (schöner!) mit einer kleinen Gegensteigung über die blumenreichen Almböden westlich unter dem Baffelàn zur Malga Baffelàn (1435 m) und hinunter zur Straße. Auf ihr zurück zum Passo Pian delle Fugazze.

Gut besucht: der Gipfel des Cornetto.

Via ferrata Carlo Campalani

Cima Carega, 2259 m
Auf einen Spitzen-Aussichtsberg

33

Routencharakter: Klettersteig am Süd-ostgrat der Cima Carega, mit Ausnahme der Einstiegswand (sparsam gesichert, ausgesetzt) nur wenig schwierig.
Ausgangspunkt: Rifugio Revolto (1336 m) im obersten Valle d'Illasi.
Gehzeiten: Gesamt 5 ¼ Std.; Rifugio Revolto – Einstieg 2 ¼ Std., »Ferrata Campalani« 1 Std., Abstieg 2 Std.
Highlights: Bei schönem Wetter das Panorama von der Cima Carega.

Einkehr: Rifugio Fraccaroli (2238 m), bewirtschaftet Mitte Juni bis Mitte September. Rifugio Scalorbi (1767 m), bewirtschaftet Mitte Juni bis Mitte September. Rifugio Passo Pértica (1522 m), bewirtschaftet Juni bis September, außerhalb der Saison an Wochenenden.
Fototipp: Einstiegswandl der »Campalani«, Panorama.

 mittel

 5¼ Std.

 920 m

Auch der höchste Gipfel der Monti Lessini, die Cima Carega (2259 m), hat ihren Klettersteig, eine Route mittlerer Schwierigkeit, nicht sehr lang und ohne spektakuläre Passagen, sieht man vom senkrechten Einstieg einmal ab, der bloß mit ein paar Haken ausgestattet ist und Ungeübteren deshalb schon Probleme bereiten kann. Das ist jeweils an Schönwetterwochenenden zu beobachten, wenn Gelegenheitsalpinisten aus der Veroneser Gegend anrücken und ihr Können beweisen wollen ...

Drei Sternchen verdient bei schönem Wetter das Panorama der Cima Carega, das (theoretisch) nach Westen bis zu den Viertausendern der Walliser Alpen reicht! Die nördliche Horizontlinie bilden Bernina, Adamello-Presanella, Brenta, Stubaier, Sarntaler und Zillertaler Alpen, Lagoraiberge und Dolomiten, im Süden breitet sich (meistens im Dunst verschwimmend) die Poebene aus.

Aufschlussreich (und für Klettersteigler besonders interessant) ist der Blick in die Nachbarschaft, zum Sengio-Alto-Kamm (⇨ Tour 32) und auf den Pasubiostock (⇨ Touren 30, 31).

➔ **Anfahrt** Zum Rifugio Revolto (1336 m) kommt man auf guter Straße durch das Valle d'Illasi, von Tregnano (317 m) 25 Kilometer. Weiterfahrt zum Rifugio Passo Pértica nicht gestattet (Sperrschranke).

➚ **Zustieg** Auf der ehemaligen Kriegsstraße zum Passo Pertica (1522 m) und

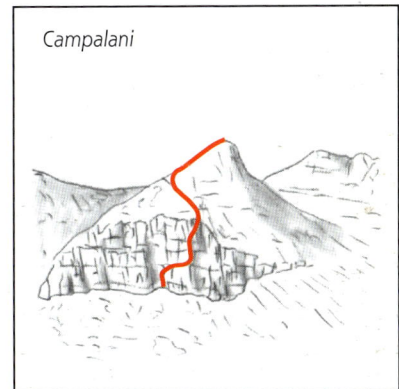

Campalani

Diagonal durch die Wand links verläuft die »Ferrata Campalani«.

weiter zum Rifugio Scalorbi (1767 m). Noch vor der Hütte links ab und der Markierung »112« folgend etwa 20 Minuten über steinige Wiesen aufwärts gegen den Vallon della Teleferica. Hier links (Bezeichnung »C«) über Geröll zum Einstieg (ca. 2050 m).

↑ Via ferrata Campalani

Schlüsselstelle ist die Einstiegswand: Mit Hilfe einiger künstlicher Tritte und Griffe etwa zehn Meter senkrecht auf einen Absatz, dann am

Tipp

Landschaftlich abwechslungsreicher ist die Besteigung der Cima Carega vom Passo di Campogrosso (1464 m) aus. Der **»Sentiero Alto del Fumante«**, Markierung 6, führt quer durch eine bizarre Felsszenerie zum Rifugio Scalorbi (1767 m). Weiterer Aufstieg zum Gipfel über die »Ferrata Campalani« wie beschrieben; Abstieg in die Bocchetta Mosca (2029 m) und am Kamm zur Bocchetta dei Fondi (2015 m). Hier nordwärts durch ein steiles Kar im Zickzack hinunter zum Boale dei Fondi und zurück zum Passo di Campogrosso, 8 Std.

Drahtseil steil in leichteres Gelände. Weiter über gestufte Felsen und durch einen Kamin zum Ausstieg am Südostgrat der Cima Carega. Auf gutem Steiglein über den Vorgipfel (2234 m), flach hinüber zum Rifugio Fraccaroli (2238 m) und in fünf Minuten zur großen Aussicht beim Kreuz auf der Cima Carega (2259 m); *1 Std.*

↘ **Abstieg** Auf einem ehemaligen Kriegsweg in Serpentinen bergab gegen die Bocchetta Mosca (2029 m), dann rechtshaltend hinunter zum Rifugio Scalorbi (1767 m). Auf der Straße zum Passo Pértica (1522 m) und zurück zum Rifugio Revolto.

Eine der zahlreichen Hütten am Caregastock: das Rifugio Scalorbi.

34

Sentiero alpinistico Angelo Pojesi

Costa Media, 2098 m
Abenteuerpfad am Südrand der Alpen

 mittel

 5¹/₂ Std.

1000 m

Routencharakter: Einzigartiger Abenteuerpfad: viel Natur, dazu längere gesicherte Strecken. Wenig begangen, auf den Bändern in der Westflanke der Cengia di Pértica Steinschlaggefahr, vor allem nach Regenfällen.
Ausgangspunkt: Rifugio Revolto (1336 m) im obersten Valle d'Illasi.
Gehzeiten: Gesamt 5 ¹/₂ Std.; Rifugio Revolto – Rifugio Passo Pértica ³/₄ Std., »Sentiero Pojesi« – Costa Media 3 Std., Abstieg 1 ³/₄ Std.

Highlights: Wildromantische Kulisse über dem innersten Val Ronchi, Edelweißwiesen an der Costa Media.
Einkehr: Rifugio Passo Pértica (1522 m), bewirtschaftet Juni bis September, außerhalb der Saison an Wochenenden.
Fototipp: Zahlreiche Motive am Klettersteig, von idyllisch bis Action, gute Lichtverhältnisse am Nachmittag. Blumen!

Von den Klettersteigen in den Piccole Dolomiti ist mir der »Sentiero Pojesi« (früher »Sentiero Battisti«) der liebste: kein Kraftakt wie die »Biasin« (⇨ Tour 35) und viel länger als die »Campalani« (⇨ Tour 33), ein spannender Weg abseits der ausgetretenen Pfade. Da

Gut gesicherte Passage im oberen Teil des »Sentiero Pojesi«.

kann man leicht die Zeit vergessen, die »Schaupausen« werden
immer länger, weil das Auge mit
den Beinen nicht Schritt halten
kann. Die richtige Route für Naturfreunde mit ordentlicher Kondition,
denn weit ist er halt auch, der »Pojesi«. Vor allem dann, wenn man
ihn mit einer Überschreitung der
Cima Carega (2259 m) verbindet
und anschließend vom höchsten
Punkt der Monti Lessini über die
»Ferrata Campalani« (⇨ Tour 33)
absteigt, 7 ¹/₂ Std.: das ganz große
Bergerlebnis in den Vicentiner Voralpen!

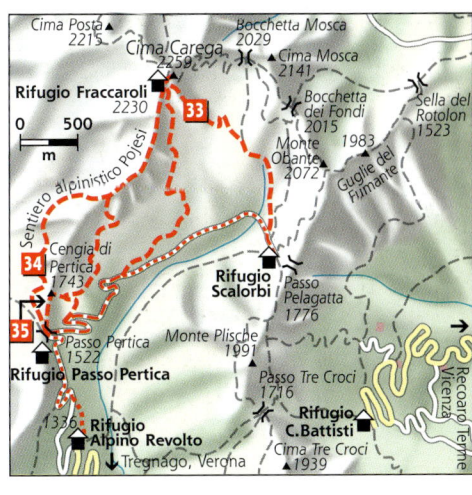

→ **Anfahrt** Zum Rifugio Revolto (1336 m) kommt man auf guter
Straße durch das Valle d'Illasi, von Tregnano (317 m) 25 Kilometer.
Weiterfahrt zum Rifugio Passo Pértica nicht gestattet (Sperrschranke).

↗ **Zustieg** Auf der alten Militärstraße zum Passo Pértica
(1522 m) mit dem gleichnamigen Rifugio.

↑ **Sentiero alpinistico Angelo Pojesi**

Der Weg startet nur ein paar
Meter hinter der Hütte (Tafel)
und wendet sich gleich in die
felsige Westflanke des Cengia di Pértica. Teilweise gesichert (Drahtseile) läuft er
über horizontale Bänder
quer durch die Steilabstürze;
dabei bieten sich stimmungsvolle Tiefblicke ins waldige
Val Ronchi und hinüber zum
Monte Baldo. Im Rücken des
Cengia di Pértica quert der
»Sentiero Pojesi« leicht ansteigend einen von Felsmau-

34

Keine Steine lostreten! Das gilt nicht nur für den »Sentiero Pojesi«.

ern umgebenen Kessel. Anschließend führt er im Zickzack über einen Latschenhang aufwärts. Nach etwa 1 1/2 Stunden gewinnt man eine kleine Kuppe in der Südwestflanke der Costa Media (ca. 1810 m). Schöner Rastplatz; faszinierend der Blick in die zerschundenen, mit bizarren Nadeln besetzten Steilabstürze unterhalb der Malga Posta (1968 m).

Von dem kleinen »Götterthron« leiten Drahtseile steil hinab und über ein Band zu einer Rinne. In ihr aufwärts, dann durch eine markante Verschneidung. Steilstufen sind durch Eisenbügel und Fixseile entschärft. Keine Steine lostreten, um Nachfolgende nicht zu gefährden! Schließlich läuft die Ferrata unter dem Kamm auf einem Edelweißhang aus; *3 Std.*

↗ Cima Carega

Wer die Tour zur Cima Carega (2259 m) fortsetzen will, folgt dem Gratweg, Markierung »108«, in leichtem Auf und Ab über die Selletta

Costa Media und die Cima Madonnina (2109 m) zum Rifugio Fraccaroli (2238 m), 1 Std. bis zum Gipfel. Abstieg über die »Ferrata Campalani« ⇨ Tour 33.

34

↘ **Abstieg** Auf der Costa Media (2098 m) biegt man rechts in die
»Via delle Creste« ein, Markierung »108«. Der Weg führt durch die
Ostflanke des Kamms über viele Serpentinen, teilweise jedoch etwas
rau, hinunter zur alten Militärstraße. Auf ihr dann zurück zum Passo
Pértica.

*Auf den Fels-
bändern des
»Pojesi«.*

35 Via ferrata Giancarlo Biasin

Cengia di Pértica, 1743 m
Kurz, aber kernig!

sehr
schwie-
rig

2½ Std.
km

400 m

Routencharakter: Sportklettersteig, ziemlich aufwändig gesichert (Eisenbügel, Haken, Fixseile), mit leicht überhängenden Passagen; sehr luftig! Am Einstieg kurze Passage (ungesichert) II.
Ausgangspunkt: Rifugio Revolto (1336 m) im obersten Illasital.
Gehzeiten: Gesamt 2 ½ Std.; Rifugio Revolto – Rifugio Passo Pértica ¾ Std.,

»Ferrata Biasin« – Cengia Pértica ¾ Std., Abstieg über die »Via delle Creste« 1 Std.
Highlights: Die luftige Turnerei an dem senkrechten Riss- bzw. Kaminsystem.
Einkehr: Rifugio Passo Pértica (1522 m), bewirtschaftet Juni bis September, außerhalb der Saison an Wochenenden.
Fototipp: Perspektive aufregend vertikal!

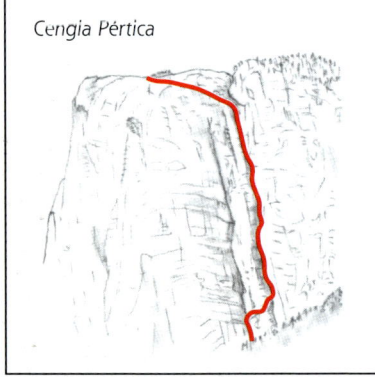

Cengia Pértica

Die »Ferrata Biasin«, 1964 durch die CAI-Sektion Verona angelegt, ist eindeutig etwas für die »Artisten« unter den Klettersteiglern. Auf den hundert Vertikalmetern braucht es einen guten Armzug, dazu etwas Wendigkeit (in dem teilweise sehr engen Kamin) und ein solides Nervenkostüm. Großes Gepäck ist dabei eher hinderlich, und wen am Einstieg schon Zweifel überfallen, ob er der Route auch gewachsen ist, der bricht die Übung besser rechtzeitig ab.

→ **Anfahrt** Zum Rifugio Revolto (1336 m) kommt man auf guter Straße durch das Valle d'Illasi, von Tregnano (317 m) 25 Kilometer. Weiterfahrt zum Rifugio Passo Pértica nicht gestattet (Sperrschranke).

↗ **Zustieg** Auf der alten Militärstraße zum Passo Pértica (1522 m) mit dem gleichnamigen Rifugio.

↑ **Via ferrata Giancarlo Biasin** Vom Pass erreicht man auf steiler Spur in ein paar Minuten den Einstieg am Ansatzpunkt des vertikalen Kaminsystems (Tafel). Ungesichert (II) zum ersten Eisenbügel, dann senkrecht, sogar leicht überhängend die ersten zehn Meter hinauf. Anschließend rechts über einen Felsabsatz und weiter in den 100-Meter-Kamin. Ihm folgt die »Biasin« bis zum Ausstieg, gut gesichert, aber weiterhin nahe der Vertikalen. Teilweise ist der Felsspalt so eng,

35

Tipp

Bei der Anfahrt kommt man im Valle d'Illasi durch das Dörfchen Giazza/Ljetzan (773 m), die letzte der einst »Dreizehn Kamäun von Bearn« (Dreizehn Gemeinden von Verona). In der relativen Abgeschiedenheit der Monti Lessini haben sich bis heute Reste der im 13. Jahrhundert eingewanderten deutschstämmigen Zimbern erhalten (vgl. bei Tour 6). Nachdem lange Zeit ein endgültiges Verschwinden des zimbrischen »teutsch« befürchtet werden musste, wird inzwischen in der Schule von Ljetzan der altdeutsche Dialekt wieder unterrichtet, und seit 1970 erscheint eine Zeitschrift. Ein kleines Museum im Kulturhaus informiert über Geschichte und Traditionen der Zimbern; ⏲ Samstag und Sonntag 10-12, 15-18 Uhr.

dass ein vollgepackter Rucksack zum Hindernis wird! Zuletzt weniger schwierig (Drahtseil) auf den abgeflachten Rücken des Cengia di Pértica; ¾ Std.

↘ **Abstieg** Kurz zurück, dann links auf einem Weglein über den latschenbewachsenen Osthang hinunter zur »Via delle Creste«, Markierung »108«, und zur Straße. Auf ihr dann zurück zum Passo Pértica und zum Ausgangspunkt.

Nur mit viel Krafteinsatz zu meistern: die Einstiegsmauer der »Ferrata Biasin«.

36 Via ferrata Angelo Viali

Monte Gramolòn, 1814 m
Auf einen Hausberg der Veroneser

ziemlich schwierig

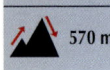

3½ Std.

570 m

Routencharakter: Recht spektakuläre Klammroute, gut gesichert. Wenn mehrere Partien unterwegs sind, geht es allerdings kaum ohne Steinschlag ab. Vom »Sentiero Milani« kann man auch ohne Gipfel wieder zum Rifugio Bertagnoli absteigen, Gehzeit dann knapp 2 Std.
Ausgangspunkt: Rifugio Bertagnoli (1250 m).
Gehzeiten: Gesamt 3 ½ Std.; »Ferrata Viali« – Monte Gramolòn 2 Std., Abstieg 1 ½ Std.
Highlights: Die steilen Leitern in der Klamm.
Einkehr: Rifugio Bertagnoli (1250 m), bewirtschaftet Anfang Juni bis Ende September, bis Ende November an Wochenenden.
Fototipp: Gute Actionmotive in der Schlucht, Gipfelpanorama bei klarer Sicht (Herbst).

Kennen Sie den Monte Gramolòn? Nein? Macht nichts, schließlich weiß in Verona oder Vicenza ja auch kaum jemand, wo der Heimgarten steht. Der ist fast so hoch, wird aber wohl noch häufiger bestiegen als der Gipfel im Tre-Croci-Kamm. Dass auch der Gramolòn seine Liebhaber hat, verdankt er weniger dem schönen Panorama oder den vielen Blumen, die im Frühsommer an seinen Flanken blühen, als vielmehr der »Ferrata Viali«, einer spannenden, auch landschaftlich ansprechenden Route. Sie verläuft durch eine wilde Felsklamm, was für viele spektakuläre Eindrücke sorgt, aber auch Gefahr in sich birgt: Steinschlag, ausgelöst durch Vorsteigende. Und die gibt's an Wochenenden fast immer. Die Steigerbauer haben entsprechende Hinweise angebracht, dazu sind besonders gefährdete Stellen markiert. Und im Rifugio Bertagnoli wird man gleich gefragt, ob der »casco« auch im Rucksack sei ...

Die gesicherte Route läuft auf einen breiten alten Kriegsweg aus, dem »Sentiero Milani«; zum Gipfel des Gramolòn hat man dann noch einen dreiviertelstündigen Aufstieg: ein markiertes Weglein mit einer 40-Meter-Bizeps-Variante am dicken Drahtseil.

→ **Anfahrt** Nur von Süden! Ab Arignano (120 m) ins Valle del Chiampo nach Ferrazza (361 m), dann weiter aufwärts zum Rifugio Bertagnoli (1250 m), 28 km. Parkplatz.

↑ **Via ferrata Angelo Viali**

Hinter dem stattlichen Haus rechts (Wegzeiger), der Markierung 221 folgend, kurz aufwärts, dann um ein felsiges Eck herum und an Drahtseilen leicht bergab in den Schluchtgrund (ca. 1270 m). Rechts, etwas oberhalb des Weges, entdeckt man im Geröllbett eine Tafel:

36

»Via ferrata Angelo Viali, 1978«. Helm auf und in der Klamm über Blockwerk und Geschiebe mühsam aufwärts zum ersten Drahtseil. Beeindruckende Szenerie mit hochragenden Felsflanken links wie rechts. Der Steig verläuft über knapp 200 Höhenmeter in der Schlucht, mit Fixseilen gut gesichert. Zwei mächtige Felsbarrieren lassen sich allerdings nur mit Hilfe langer Leitern überwinden; die erste, fast 20 Meter hoch und ziemlich verbeult, ist unten leicht überhängend. Schließlich leiten Drahtseile aus dem wilden Schlund auf einen felsdurchsetzten Hang; hier folgen nochmals dreißig Leitersprossen, senkrecht übereinander. Eine seilgesicherte Querung leitet zuletzt direkt auf den »Sentiero Milani«.

Die untere Leiter an der »Ferrata Viali« – schon ziemlich verbeult.

Von dem ehemaligen Nachschubweg kann man wahlweise links auf dem »Sentiero Bertagnoli« oder rechts über einen aufgelassenen Steinbruch (Abzweigung knapp unterhalb des Passo del Mesole, kein Wegzeiger!) absteigen. Der Gipfelweg führt über einen latschenbewachsenen Rücken in eine steile Grasrinne; ein Felsaufschwung wird rechts umgangen. Wer noch Lust auf einen kleinen Kraftakt hat, nimmt hier die »Direttissima« am dicken Drahtseil – hau ruck! Vom Gipfel des Monte Gramolòn (1814 m) genießt man eine bemerkenswerte Aussicht auf die Piccole Dolomiti und den Pasubiostock – weitere schöne Ziele für Klettersteiger.

↘ **Abstieg** Vom Gipfelkreuz über Wiesen nordwestwärts, den rot-weißen Markierungen folgend, abwärts zu einem Wegzeiger. Hier rechts Richtung Norden hinunter gegen den Passo Ristele (1641 m), wo man auf den »Sentiero Milani« stößt. Er schneidet, leicht an Höhe verlierend, die Westflanke des Monte Gramolòn. Am Passo della Scagina (1548 m, Wegzeiger) rechts abwärts, durch die schmale Scharte und in Serpentinen auf dem alten Kriegsweg hinunter in die wilde Schlucht. Am Einstieg zur »Ferrata Viali« vorbei und zurück zum Rifugio Bertagnoli.

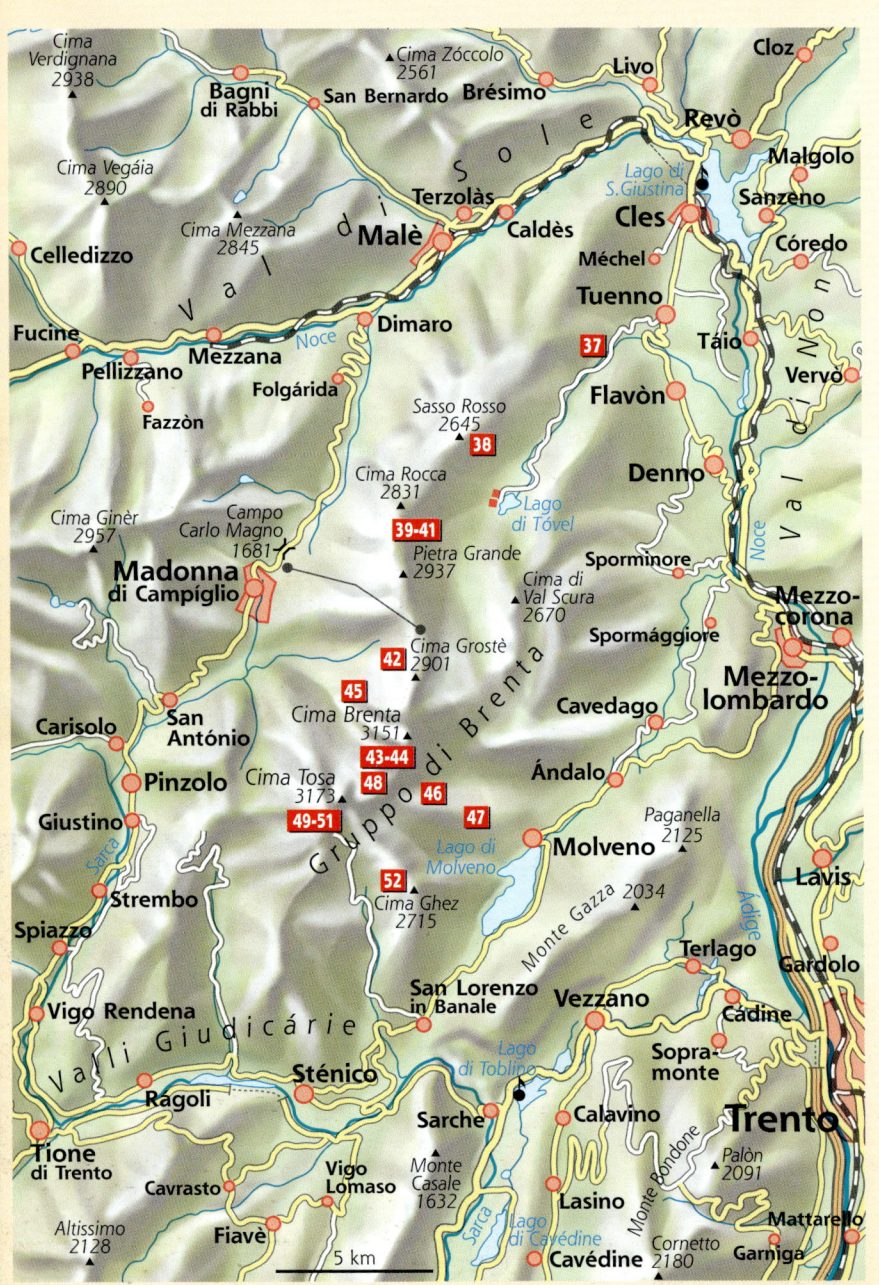

Brenta-Dolomiten

Eine Riesenmasse aus Hauptdolomit, in den Tiefen des Tethys-Meeres geboren, mit der Alpenwerdung gehoben und im Laufe von Jahrmillionen zu Felsburgen und bizarren Zinnen verwittert: die Brenta, Kletterdorado und Kulisse für einen Höhenweg der ganz besonderen Art, die »Via delle Bocchette«. Sie durchzieht die gesamte Berggruppe, von der Pellerhütte im Norden bis zum Val d'Ambiez im Süden; auf der Landkarte rund zwanzig Kilometer Luftlinie, in Wirklichkeit ein vielgewundenes Auf und Ab, immer wieder jenen berühmten, für die Brenta (und Hauptdolomit) typischen Felsbändern folgend, die, einmal komfortabel breit, dann wieder schwindelnd schmal, über bodenlosen Abgründen die Bergflanken horizontal durchziehen – versteinerte Jahrringe der Erdgeschichte.

Die Brenta und mit ihr der »Bocchette-Weg« ist ein Bergsteiger-Klassiker, und dass man zwischen Madonna di Campiglio und Molveno besonders viele Klettersteigler trifft, ist natürlich kein Zufall: Über ein Dutzend gesicherter Steige gibt es hier. Keine extremen Routen allerdings (wie etwa am Gardasee), dafür aber viel Natur, hochalpine. Und die steht unter besonderem Schutz: der Naturpark Adamello-Brenta – immerhin 436 Quadratkilometer groß – erstreckt sich über weite Teile des Brentamassivs.

Besonders beliebt sind in der Brenta mehrtägige Touren (was sich bei den langen Anstiegen aus dem Tal auch anbietet) mit Hüttenübernachtungen; Klassiker dabei die Überschreitung des Hauptkamms vom Passo del Grostè zur Agostini-Hütte (⇨ Touren 42, 43, 48, 49, 50, 51).

Dolomitriff und Kletterdorrado: die zentrale Brenta

37 Tuenno- und Terres-Waal

Val Tovel
Auf alten Waalwegen im untersten Toveltal

 leicht

 5 Std.

300 m

Routencharakter: Abschnittweise ausgesetzte Wege, am Tuenno-Waal mit solidem Seilgeländer, am Terres-Waal zwei exponierte, ungesicherte Passagen. Keine Wegmarkierungen; Kinder gehören ans kurze Seil! Tuenno-Waal zwar abgesperrt, was von Wanderern aber souverän ignoriert wird (Italien …).
Ausgangspunkt: Ortsmitte von Tuenno (645 m).

Gehzeiten: Gesamt 5 Std.; Tuenno-Waal 2 1/4 Std., Terres-Waal 1 3/4 Std., Rückweg nach Tuenno 1 Std.
Highlights: Die Steilwandtraverse am Tuenno-Waal.
Einkehr: Rifugio Capriolo (810 m) an der Straße zum Tovelsee; etwa 10 Min. von der Waalrunde.
Fototipp: Tolle Motive sowohl am Tuenno- als auch am Terres-Waal, im Hintergrund die Brenta-Zinnen.

Waale kennt man hierzulande vor allem aus dem Vinschgau und der Meraner Gegend: künstlich angelegte Wasserläufe, die das kostbare Nass auf die Felder im Tal leiten. Manche sind heute noch in Betrieb, auch im schweizerischen Wallis (wo sie »Bisses« oder »Suonen« heißen) oder im Val di Non. Die meisten der teilweise extrem kühn trassierten Wasserwege in der Südtiroler Nachbarschaft verfallen leider, weil nicht mehr genutzt; auch jener Waal, der oberhalb von San Romedio eine überhängende (!) Felswand quert. Ganz so spektakulär sind die beiden Waale im unteren Toveltal nicht; die luftige Querung am Tuenno-Waal könnte bei ängstlichen Gemütern aber durchaus zu leichtem Nervenflattern führen – wenn da nicht das solide Seilgeländer wäre. So etwas fehlt drüben am Terres-Waal, über den man wieder talauswärts wandert, weitgehend – also Vorsicht!

➔ **Anfahrt** Tuenno (645 m) liegt im Nonstal, unmittelbar am Eingang zum Val di Tovel. Gute Straßenverbindungen mit Mezzolombardo und Cles, dem Hauptort der Talschaft.

↗ **Zugang** Von der Ortsmitte über betonierte Pisten steil zwischen den Obstkulturen bergan zu einer quer führenden Straße (ca. 770 m). Hier

Tipp

Die wilden Schluchten rund um Fondo (988 m) kann man auf dem **»Sentiero Mondino«** besuchen – eine abwechslungsreiche Runde, die starke Eindrücke vermittelt. Der Aufstieg vom Novella-Bach nach Dovena (1012 m) verläuft über eine schräg ansteigende Felsrampe und ist gesichert. In Fondo dem Wegzeiger »Orrido« folgend in einen weiteren Canyon und über Eisenstiegen hinauf zum Lago Smeraldo (1001 m), der im Norden des Haufendorfs liegt und sich auch gut als Ausgangspunkt der 3 1/2-stündigen Runde anbietet (Parkplatz, Gasthaus).

nach links zum Beginn des Tuenno-Waals (Gitter, Verbotsschild). Keine weiteren Markierungen oder Hinweise.

↑ Tuenno-Waal

Der Waalweg, überall ausreichend breit, führt zuerst in einen romantischen Winkel unter dem Crozo Sasso Rosso (1037 m). Links in der Tiefe zeigt sich das Kirchlein Sant'Emerenziana; gut auszumachen ist auch der weitere Verlauf des Waals quer durch eine riesige, jäh abfallende Felsflucht – ein luftiger Gang hoch über der Tresenica! Im zementierten Kanal gluckert das Wasser, an einer Stelle stiebt sogar ein Wasserfall über den Wanderer hinweg, mehrfach werden winzige Bäche in den Waal geleitet. In schwindelnder Tiefe läuft die Tresenica, über dem Talinnern stehen die Dolomitzinnen der Brenta (Pietra Grande, 2936 m). Ein kurzer Tunnel führt schließlich in flacheres Gelände, man passiert eine Endmoräne des eiszeitlichen Tovelgletschers und steigt dann über einen breiten Pfad hinunter zur Talstraße, 1 ¹/₂ Std.

Am Terres-Waal, Blick auf die Trasse des Tuenno-Waals.

↑ Terres-Waal

Auf dieser (asphaltierten) Straße etwa fünf Minuten talauswärts bis zu einer Hausruine links. Bei einem Picknickplatz (732 m) über den Bach und auf undeutlicher Spur flach zum Beginn des Terres-Waals. Er verläuft etwas tiefer als der von Tuenno und ist nicht mehr in Betrieb. Längere Passagen sind ebenfalls aus dem Steilfels geschlagen (Tunnels), aber nur teilweise auch gesichert. Unter dem Corno (877 m) kommt man aus dem Toveltal heraus; Wasserlauf und Weg führen auf die Obstanger oberhalb von Terres (598 m), 1 3/4 Std.

↘ Abstieg

Wenige Meter hinter einem bizarren eisernen Aquädukt (der locker als moderne Plastik durchgehen würde) kurz abwärts zu einer Verzweigung: rechts auf der Straße nach Terres (das Busverbindung mit Tuenno hat), links führt eine vergammelte Piste (Hinweis »Tresna«) ein Stück weit bergab, ehe sie nach zwei Kehren im Wald ausläuft. Ganz in der Nähe (suchen!) stößt man auf einen alten Ziehweg, der hinunterführt zur großen Straßenbrücke über die Tresenica. Jenseits des Bachs, die weite Schleife der Straße abkürzend, durch Apfelhaine aufwärts und zuletzt auf einer asphaltierten Straße hinein nach Tuenno.

Noch ein Waal im Nonstal, leider dem Verfall preisgegeben (San Romedio).

Links: Vom Tuenno-Waal aus hat man Aussicht auf Brentagipfel.

38 Sentiero attrezzato Claudio Costanzi

Cima Sassara, 2892 m
Abenteuerpfad in der nördlichen Brenta

schwie-rig

12 Std.
km

1400 m

Routencharakter: Extrem lange Grat-überschreitung: viel Gehgelände, dazwischen leichte Kletterstellen (I-II), wenig Sicherungen. Als Tagestour bestens geeignet für alpine Dauerläufer; Übernachtungsmöglichkeit in einem der beiden Biwaks. Insgesamt eine Unternehmung für erfahrene, mit weglosem Gelände vertraute Bergsteiger. Nur bei sicherem Wetter gehen; bei Nässe sind die abschüssigen, felsdurchsetzten Grashänge objektiv gefährlich. Die gesamte Route ist gut markiert.
Ausgangspunkt: Bergstation der Grostè-Gondelbahn am Grostèpass (2446 m).
Gehzeiten: Ingesamt 12 Std.; Passo del Grostè – Cima Sassara 3 3/4 Std., Cima Sassara – Passo di Prà Castrón 3 3/4 Std., Abstieg zur Malga Scale 2 Std., Rückweg 2 1/2 Std.

Highlights: Gratüberschreitung, der sehr abwechslungsreiche Wegverlauf, im Juli/August die üppigsten Edelweißwiesen weit und breit. Bei einer Übernachtung im Bivacco Bonvecchio Abend- und Morgenstimmung.
Hinweis: Man kann die Kammüberschreitung vom Passo di Prà Castrón auch bis zum Rifugio Peller (2022 m) fortsetzen, weitere 3 Std.
Einkehr/Unterkunft: Rifugio Graffer (2261 m), bewirtschaftet 20. Juni bis 20. September. Bivacco Bonvecchio (2779 m) knapp unter dem Gipfel der Cima Sassara, Bivacco Costanzi (2369 m) nordwestlich vom Passo di Prà Castrón; Notunterkünfte, beide stets zugänglich.
Fototipps: Genug Filmmaterial mitnehmen: Action am Grat, Aus- und Tiefblicke, Blumen.

Brentazauber ohne Brentarummel. Auf diese Kurzformel könnte man das Erlebnis »Costanzi-Weg« bringen. Wenn die zentrale Brenta ihren hochsommerlichen Besucherboom erlebt, sich die »Alpinisten« an der »Via delle Bocchette« gegenseitig auf die Füße treten, ist man in der Nordkette fast immer allein: hier gibt es sie noch, die berühmte Bergesruh. Das Weglein läuft in ständigem Auf und Ab über mehrere Gipfel und Scharten, manchmal direkt am Grat, dann wieder in die steilen, schrofigen Flanken ausweichend; eine großartige Route, ganz sparsam nur gesichert und absolut logisch in ihrem Verlauf über den fast fünf Kilometer langen Kamm von der Bocchetta dei Tre Sassi zum Passo di Prà Castrón. Faszinierend die Kulisse, weitgespannt der Horizont mit den Dolomiten im Osten, dem Alpenhauptkamm und dem Ortlermassiv im Norden, Presanella und Adamello im Westen. Genau südlich baut sich die zentrale Brenta auf. Mit ihren Felsformen kann die Nordkette nicht konkurrieren; hier zeichnen keine Sfúlmini ihr bizarres Profil in den Himmel, steht kein Campanile Basso. Sie liefert also keine Wiederholung klassischer Brentamotive, hat aber ihren ganz eigenen, unverwechselbaren Reiz. Dazu gehören auch die ständigen Ausblicke in die weite, grüne Mulde des Nonstals: Kontrastbilder.

Insgesamt ist die Tour sehr lang, stellenweise auch recht exponiert und als Tagespensum nur für alpine Dauerläufer geeignet. Zum garantiert unvergesslichen Erlebnis wird diese Überschreitung, wenn man in einem der beiden Biwaks am Weg übernachtet.

38

→ **Anfahrt** Madonna di Campiglio (1522 m) liegt im Westen der Brentagruppe, 18 km von Dimaro, 31 km von Tione di Trento. An der Straße zum Passo Campo Carlo Magno befindet sich die Talstation (1646 m) der Grostè-Gondelbahn; Bergstation Passo del Grostè (2446 m).

↗ **Zustieg** Auf einer groben Schotterpiste steigt man über das Karrenplateau ab zum weithin sichtbaren Rifugio Graffer (2261 m).

Die Bocchetta dei Tre Sassi.

38

↑ Sentiero Costanzi

Von der Hütte leicht bergan gegen ein erstes Kar mit dem schönen Namen »Orto della Regina« (Garten der Königin), dann steil hinauf zu einem Band, dem die markierte Spur nach links folgt. Im Zickzack auf eine herrliche Aussichtskanzel (Sperone degli Orti, 2522 m); in ihrem Rücken mündet der »Sentiero Vidi« (⇨ Tour 41). Auf deutlicher Geröllspur fast eben unter den Felsen der Pietra Grande in den innersten Kessel des Val Gelada di Campiglio und etwas mühsam hinauf in die Bocchetta dei Tre Sassi (2613 m), die ihren Namen von ein paar bizarren Zacken hat.

Aus der Scharte zunächst im Geröll, dann über leichte, gestufte Felsen (I-II) und Schrofen auf eine Schulter in der Westflanke des Corno di Flavona, dann über gemütliche Bänder leicht abwärts in den Passo di Val Gelada (2687 m).

Dabei hat man den Weiterweg bereits im Blick. Er steigt im lockeren Geröll aufwärts gegen den Sasso Alto (2890 m). Eine Eisenleiter (die einzige am Weg) und Drahtseile erleichtern den weiteren Anstieg über den felsigen Südgrat. Der Gipfel wird allerdings nicht betreten; die Markierungen leiten auf ein Geröllband, das leicht fallend in die Scharte vor der Cima Sassara (2892 m) führt. Drahtseile sichern hier die exponierten Passagen. Nun kurz aufwärts zu einer Verzweigung: geradeaus zum Bivacco Bonvecchio (2779 m), rechts zum Gipfel mit großem Kreuz und weitem Panorama, 3 ¾ Std. ab Rifugio Graffer.

Über Geröll kurz hinab zum Biwak, dann teilweise recht luftig, aber nur sparsam gesichert, um ein paar Gratzacken herum und steil auf die Cima Paradiso (2835 m). Am Grat hinüber zur Cima Rocca (2830 m), dahinter mit einigen Sicherungen abwärts in die enge Bocchetta delle Livezze (ca. 2700 m). Ein zwar kurzer, aber senkrechter Kamin erweist sich trotz des Fixseils als recht knifflig. Aus der Scharte gleich wieder steil aufwärts, dann nach links auf ein Band und westlich um die Cima delle Livezze (2774 m) herum (Gipfelabstecher 5 Min.). Nördlich hinab in die nächste Scharte (Sicherungen), über der sich markant die Cima del Vento aufbaut. Der »Sentiero Costanzi« quert ihre wilde, felsdurchsetzte Ostflanke (Edelweiß!), erst an-, dann absteigend in die Bocchetta del Vento (2582 m). Sicherungen fehlen hier völlig, vor allem bei Nässe ist auf der schmalen Spur überm Abgrund größte Vorsicht geboten! Aus der Vento-Scharte nochmals steiler Anstieg bis knapp unter den Gipfel der Cima Tuena (2685 m; Abstecher 10 Min.), am langen, luftigen Nordgrat hinüber gegen die Cima Benon (2685 m). Links unter dem Gipfel hindurch und über teilweise

geröllbedeckte Karrenfelder sanft abwärts in die weite Senke des Passo di Prà Castrón (2505 m), *7 ¹/₂ Std.*

↓ **Abstieg** Er führt westlich hinunter ins Valle del Vento, ist bestens markiert, beschreibt aber einige Schleifen. Im Nachhinein erweist sich der Verlauf stets als der logische; vermeintliche »Abkürzer« führen immer in Absturzgelände. Vor dem »Einstieg« in diesen Steilgraben zweigt rechts der Zugang zum Bivacco Costanzi (2365 m, 10 Min.) ab.

Nach knapp zweistündigem Abstieg erreicht man die längst aufgegebene Malga Scale (1563 m). Hier links (gut auf Markierungen achten!) über den verstrauchten Boden, bis man auf einen Holzziehweg stößt. Nun mit der Markierung 355 hoch über dem Val Meledrio ansteigend taleinwärts. Hinter dem Tovo Lagra senkt sich der Weg steil zur Mündung des Vallone di Centonina. Anschließend auf Almfahrwegen zur Malga Mondifrà (1632 m) und auf der Straße zurück zur Talstation der Grostè-Gondelbahn.

Über den Wolken: am großartigen »Sentiero Costanzi«.

39 Sentiero delle Palete
40 Sentiero di Val Gelada
41 Sentiero Vidi

Passo di Val Gelada, 2687 m
Rund um die Pietra Grande

 mittel

 6¼ Std.

 800 m

Routencharakter: Abwechslungsreiche Runde nördlich des Grostè-Passes mit mehreren gesicherten Passagen. Faszinierend die Kulisse, packend die Tiefblicke zum Tovelsee und ins Nonstal.
Ausgangspunkt: Seilbahnstation am Passo del Grostè (2446 m).
Gehzeiten: Insgesamt 6 ¼ Std.; Passo del Grostè – Livezza Grande 2 Std., Livezza Grande – Passo di Val Gelada 2 Std., Passo di Val Galeda – Passo del Grostè 2 ¼ Std.
Tipp: Gerade richtig zum Eingehen ist die kleine Runde über den »Sentiero Vidi«, mit Abstieg vom Sperone degli

Orti zum Rifugio Graffer und Rückweg zur Seilbahnstation am Grostèpass knapp 2 ½ Std.
Highlights: Aufstieg zur Palete-Scharte, der grandios-einsame Felskessel des Val Gelada, Ausblicke vom Sentiero Vidi.
Einkehr: Am Passo del Grostè (Rifugio Stoppani, 2437 m).
Fototipps: Actionmotive am »Sentiero delle Palete«, am Salt und am »Sentiero Vidi«, die felsstarrende Kulisse des Val Gelada, der waldumsäumte Tovelsee, Gipfelparade im Westen, das riesige, wie ein Schlüsselloch geformte Felsenfenster am Nordgrat der Cima Vagliana.

Wem der »Sentiero Costanzi« zu anspruchsvoll, vielleicht auch zu weit ist, kann auf der kürzeren, sehr abwechslungsreichen Runde um die Pietra Grande (2936 m) die wild-einsame Bergregion der Pala-Nordkette ebenfalls kennenlernen. Ausgangs- und Endpunkt ist die Seilbahnstation am Passo del Grostè; neben eindrucksvollen Felsszenerien, sommerlich-üppigen Blumenwiesen und viel Fernsicht gibt's einiges Eisen: zunächst am »Palete-Steig«, dem man bis Livezza Grande folgt, dann an einem schroffen, gut 50 Meter hohen Felsriegel im Val Gelada und schließlich am »Sentiero Vidi«, mit dem die interessante Tour schließt.

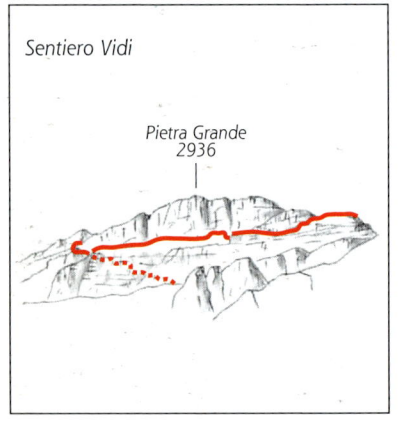

Sentiero Vidi

Pietra Grande
2936

➜ **Anfahrt** Madonna di Campiglio (1522 m) liegt im Westen der Brentagruppe, 18 km von Dimaro, 31 km von Tione di Trento. An der Straße zum Passo Campo Carlo Magno befindet sich die Talstation (1646 m) der Grostè-Gondelbahn; Bergstation Passo del Grostè (2446 m).

↑ Sentiero delle Palete

39
40
41

Das gut markierte Weglein führt vom Passo del Grostè (2446 m) unter den wilden Ostabstürzen der Pietra Grande (2936 m) über die Blumenwiesen von Castrón di Flavona mit Aussicht auf das Val di Santa Maria della Flavona und seine Bergumrahmung sanft bergab, biegt dann ein in den Boden des Val della Giare. An der Wegkreuzung geradeaus und über Schrofen und schmale Bänder schräg hinauf zu den Felsen. Drahtseile und Eisenbügel erleichtern und sichern den Aufstieg über die gestufte Felsrampe links der steilen Schlucht, die vom Passo delle Palete (2317 m) herabzieht. Zuletzt flach in die enge Rinne und am Drahtseil hinauf in die Scharte, ¹/₂ *Std.* vom Einstieg. Jenseits steil, teilweise im Geröll, hinunter zu einer Verzweigung (2187 m).

↑ Sentiero di Val Gelada

Hier links und aus der Talmulde, den rot-weißen Markierungen folgend, hinauf gegen einen markanten Felsriegel. Am sichernden Drahtseil querend zu einer Leiter, dann in einer steilen, aber gestuften Rinne aufwärts. Ein paar wenige Eisenstifte erleichtern neben dem durchlaufenden Seil den Durchstieg. Gut 50 Meter höher entsteigt man der Rampe (Il Salt) in das felsumschlossene Val Gelada di Tuenno.

Nördlich der Brenta ragen die Bergketten des Ortlergebirges auf.

39
40
41

Tiefblick vom »Sentiero delle Palete« auf den Tovelsee.

Die Markierungen leiten zwischen Felsblöcken und über Geröll taleinwärts. Rechtshaltend zunehmend mühsamer über lockeren Schutt aufwärts gegen die Felsen, dann mit Drahtseilhilfe hinauf zum Passo di Val Gelada (2687 m), *2 Std.*

↑ **Sentiero Costanzi (Teilstück)**

Am »Costanzi-Steig« (Tour 38) westseitig um das Corno di Flavona herum in die Bocchetta dei Tre Sassi (2614 m), weiter auf einer deutlichen Geröllspur mit leichtem Höhenverlust zu einer ausgeprägten Schulter am Nordwestgrat der Cima Vagliana (2864 m). Weiter auf bequemen Bändern flach zum Sperone degli Orti (2522 m), einem herrlichen Aussichtspunkt mit Fernsicht bis zu Ortlermassiv und Adamello-Presanella, *³/₄ Std.*

↑ **Sentiero Gustavo Vidi**

Zunächst vor allem Aussichtspromenade, führt er auf den Geröllterrassen unter dem Pietra-Grande-Südgrat dahin. Drahtseile sichern etwas ausgesetzte Passagen, Leitern helfen über steile Absätze hinweg. Vom höchsten Punkt (mit Prachtblick in die zentrale Brenta) zunächst am Grat leicht abwärts, dann links hinunter auf ein Band und zuletzt zum Felsfuß. Auf deutlicher Spur zum nahen Passo del Grostè (2446 m) und zur Seilbahnstation, *1 ¹/₂ Std.*

Sentiero Alfredo Benini

Cima-Falkner-Ostflanke, 2910 m
Ouvertüre zum »Weg der Scharten«

42

Routencharakter: Der richtige Einstieg zur »Via delle Bocchette«: mehr Genuss als Anstrengung und dazu die gesamte Palette typischer Brentabilder. Die 1972 als letztes Teilstück eingeweihte Route weist keine größeren Schwierigkeiten auf; Drahtseile sichern alle luftigen Passagen, und über Steilstellen helfen solide Leitern hinweg.
Ausgangspunkt: Seilbahnstation am Passo del Grostè (2446 m); Talstation oberhalb von Madonna di Campiglio an der Straße zum Passo Campo Carlo Magno.

Gehzeiten: Insgesamt 5 ½ Std.; »Sentiero Benini« 3 ½ Std., Rückweg über das Rifugio Tuckett 2 Std.
Highlights: Die »Mondlandschaft« über dem Campo della Flavona, die allmähliche Annäherung an die Cima Brenta, spazieren auf den Brenta-Bändern …
Einkehr: Rifugio Tuckett (2272 m), bewirtschaftet 20. Juni bis 20. September.
Fototipps: Am Morgen hat man gutes Licht auf den ostseitigen Felsbändern, nachmittags zeigt sich der Castelletto Inferiore besonders schön. Action auf Leitern mit fotogenem Hintergrund.

mittel

5½ Std.

780 m

Mit dem »Benini-Steig« startet die Durchquerung der zentralen Brenta, und der Auftakt fällt in mehrfacher Hinsicht optimal aus: hochgelegen der Einstieg am Passo del Grostè (2446 m), nur mäßig die Anforderungen unterwegs, dazu viele packende Szenerien. Den Dolomiten, welche im Osten eine vielfach gebrochene Horizontlinie bilden, stehen im Westen die dunklen Tonalitgipfel und gleißend hellen Firne von Adamello und Presanella gegenüber; die zerklüfteten, von der Erosion gezeichneten Trümmerfelsen rund um die Cima Roma kontrastieren wirkungsvoll zu den sanft geschwungenen, grünen Höhenzügen von Paganella und Bondone. Das große Panorama bietet dann die Cima Falkner (2999 m), gerade eine Viertelstunde über dem Höhenweg. Exakt gleich hoch wie die Große Zinne, fehlt ihr zwar ein lumpiger Meter zur magischen Höhengrenze; der Besteiger darf aber trotzdem Dreitausenderluft schnuppern (auf Nasenhöhe) …

Oben sein. Unterwegs auf den berühmten Brenta-Bändern.

42

*Bizarre Fels-
architektur
am »Sentiero
Benini«.*

➔ **Anfahrt** Madonna di Campiglio (1522 m) liegt im Westen der Brentagruppe, 18 km von Dimaro, 31 km von Tione di Trento. An der
Straße zum Passo Campo Carlo Magno befindet sich die Talstation
(1646 m) der Grostè-Gondelbahn; Bergstation am Passo del Grostè
(2446 m).

↑ **Sentiero Benini**

Hinter der Seilbahnstation am Grostè-Pass (2446 m) weist ein Schild
zum Bocchette-Weg: »Sentiero Benini«. Die rot-weiß-roten Markierungen führen über das weitläufige, von Spalten und Dolinen durch-
zogene Karrengelände leicht ansteigend nach Süden; Richtungsweiser
ist der abgeflachte Gipfelrücken der Cima Grostè (2898 m). Nach einem kurzen Zwischenabstieg wendet sich die gut markierte Spur in
die Ostflanke des Bergstocks. Auf Bändern, überall ausreichend gesichert, umrundet man die Cima Grostè; die Aussicht richtet sich dabei
zunächst auf die urweltlich wirkende Felslandschaft des innersten Fla-
vonatals, dann auf die Kulisse des Val Pèrse. An der engen Bocchetta
dei Camosci (2774 m) bietet sich kurz ein stimmungsvoller Blick nach
Westen, auf Adamello-Presanella. Die Gämsenscharte wird aber lediglich tangiert; der Weiterweg folgt schmalen Felsbändern (Drahtseile) in der Ostflanke der Cima Falkner. Am Südostgrat markiert eine
Tafel den höchsten Punkt des »Sentiero Benini« (ca. 2910 m). Hier

42

kann man durch eine steile, aber angenehm gestufte Rinne zum Gipfel aufsteigen (Abstecher ¼ Std.). Dominierende Berggestalt in dem weiten Panorama ist die Cima Brenta (3150 m), die sich unmittelbar über der Bocca del Tuckett aufbaut. Fast noch eindrucksvoller präsentiert sich der zweithöchste Brentagipfel von der Terrasse oberhalb der Bocca alta di Vallesinella (2875 m), die man nach einem gut gesicherten Zwischenabstieg unter dem Campanile di Vallesinella gewinnt. An dem herrlichen Rastplatz wechselt der »Sentiero Benini« auf die Westseite des Brenta-Kammes. An dem kümmerlichen Rest des Vallesinella-Firnfeldes gabelt sich der Weg: rechts leitet der »Sentiero Dallagiacoma« am kecken Felshorn des Castelletto Superiore (2706 m) vorbei durch einen engen Graben direkt hinunter zum Rifugio Tuckett.

Die Fortsetzung des »Sentiero Benini« läuft in einem Linksbogen um die Cima Sella herum; durch steile, mit Drahtseilen und ein paar Leitern gangbar gemachte Rinnen steigt man ab zur Bocca del Tuckett (2649 m), *3 ½ Std.*

➜ **Anschlusstouren** »Sentiero delle Bocchette Alte« (⇨ Tour 43), »Sentiero Orsi« (⇨ Tour 46).

➘ **Abstieg** Aus der Scharte über die Reste des harmlosen Tuckett-Gletschers hinab zum Rifugio Tuckett (2272 m). Von der Hütte weiter leicht absteigend zum Felsfuß des Castelletto Inferiore, dann durch wildromantisches Bergsturz- und Karrengelände hinauf zur Bergstation der Grostè-Gondelbahn.

Stützpunkt an der »Via delle Bocchette«: die Tucketthütte.

43
44

Sentiero delle Bocchette Alte

Sentiero Oliva Detassis

Cima-Brenta-Südschulter, 3020 m
Die »Haute Route« der Brenta

schwie-
rig

4½
bzw.
10 Std.

600
bzw.
1200 m

*Etwas Kletter-
fertigkeit
verlangt:
Aufstieg zur
Cima Brenta.*

Routencharakter: Die Überschreitung der »Hohen Scharten« ist ganz klar das anspruchsvollste Teilstück des »Bocchette-Weges«. Dabei liegen die Schwierigkeiten weniger in den (gut) gesicherten Passagen als in dem ausgeprägt hochalpinen Gelände. Schattige Winkel können schon mal vereist sein, und bei einem Wettersturz sinkt die Schneefallgrenze rasch unter die 3000-m-Marke. Bergerfahrung ist wichtig; zur Ausrüstung gehören auch Grödel und Teleskopstöcke.
Ausgangspunkte: Bocca del Tuckett (2649 m), Endpunkt des »Sentiero Benini« (⇨ Tour 42) bzw. Passo del Grostè (2446 m; Gondelbahn).
Gehzeiten: »Sentiero delle Bocchette Alte« 4 ½ Std.; Zustiege 2 ½ bis

3 ½ Std., vom Passo del Grostè bis zum Rifugio Vallesinella 10 Std.
Highlights: Panoramawanderung über das »Garbari-Band«, die tiefen Scharten vor und nach dem Spallone dei Massodi, Tiefblicke ins Val Pèrse; für Unerschrockene die Leitern am »Sentiero Detassis«.
Einkehr/Unterkunft: Rifugio Tuckett (2272 m), Tel. 0465/44 12 26, Rifugio Alimonta (2591 m), Tel. 0465/44 03 66, beide bewirtschaftet 20. Juni bis 20. September.
Fototipps: Wenn nicht die berüchtigten Nebel einfallen, bekommt man die schönsten Motive vor die Linse: Brenta pur ...

⌶ **Anfahrt** Madonna di Campiglio (1522 m) liegt im Westen der Brentagruppe, 18 km von Dimaro, 31 km von Tione di Trento. Wer »oben« – am Passo del Grostè (2446 m) einsteigen will, nimmt die Gondelbahn. Zum Rifugio Vallesinella (1513 m) führt von Madonna di Campiglio eine schmale Straße, knapp 5 km. Der Parkplatz ist im Sommer oft überfüllt!

Zustiege Vom Passo del Grostè über den »Sentiero Benini« (⇨ Tour 42) oder (kürzer, aber natürlich nicht so schön) über das Rifugio Tuckett.

Vom Rifugio Vallesinella auf viel begangenen Wegen über das Rifugio

Casinei (1825 m) zur Tucketthütte (2272 m), weiter über den (harmlo-sen) Tuckettgletscher in die Bocca del Tuckett (2649 m).

Ein herrlicher Platz: die Ali-montahütte vor dem Torre di Brenta.

↑ Sentiero delle Bocchette Alte

Die hochalpine Route startet unmittelbar an der Bocca del Tuckett; gut markiert und mit Drahtseilen sowie Leitern ausgestattet, gewinnt sie am schroffen Nordgrat der Cima Brenta zügig an Höhe. Die Schwie-rigkeiten halten sich dabei in Grenzen, packend die Aus- und Tief-blicke, unter anderem auf den Molvenosee (821 m). Nach etwa einer Stunde mündet der »Sentiero« auf ein breites Geröllband, das »Cengia Garbari«. Es schneidet als echte »strada panoramica« an der 3000-m-Höhenlinie die Ostflanke der Cima Brenta (3150 m), mündet schließ-lich auf ein Felsband, von dem man mit Leiterhilfe in eine schattige Steilrinne absteigt. Ihre Querung bildet die eigentliche Schlüsselstelle der Route; dank doppelter Seilsicherung gelangt man in der Regel pro-blemlos ans »rettende Ufer«. Nach weiteren (harmlosen) Rinnen leitet ein Band auf die Südschulter der Cima Brenta; Rastplatz und Aus-sichtswarte in einem, markiert sie den höchsten Punkt des Weges (ca. 3020 m).

Am »Sentiero delle Bocchette Alte«.

Fast zum Greifen nahe scheint der Spallone dei Massodi (3004 m); nicht einzusehen sind allerdings die tiefen Scharten, die den Dreitausender vom Cima-Brenta-Stock und von der Cima Molveno (2915 m) trennen. Beide Einschnitte – sowohl die Bocchetta alta dei Massodi als auch die Bocchetta dei Massodi – werden am Weiterweg traversiert, jeweils mit aufwändigen Sicherungen. Besonders eindrucksvoll die »Scala degli Amici«, auf der man aus der nördlichen Scharte gegen den abgeflachten Gipfel des Spallone ansteigt; luftig und ausgesetzt auch die Leiternserie hinunter in die Bocchetta dei Massodi (2790 m).

↑ Sentiero Oliva Detassis

Aus der Scharte kann man über 300 Leitersprossen direkt zum Brenteigletscher bzw. zur Alimontahütte absteigen: ein extrem luftiges Vergnügen nahe der Vertikale. Eine der Leitern – die »Scala degli Dei« – hängt sogar leicht über! Erbaut wurde die spektakuläre Anlage von den Brüdern Detassis, gewidmet ist sie ihrer »Mama« und den Müttern aller Bergsteiger.

↘ Abstieg Am »Sentiero delle Bocchette Alte« folgt eine letzte Gegensteigung an der Nordflanke der Cima di Molveno; dann steigt die Route – abschnittweise gesichert – über Geröll und Felsstufen ab zum Sfúlmini-Gletscher(chen), *4 1/2 Std.*, wo man auf eine Verzweigung stößt. links über den Firn zur Bocca degli Armi (2749 m), rechts abwärts zur Alimontahütte (2591 m).

➔ Anschlusstour »Sentiero delle Bocchette Centrali« (⇨ Tour 48).

43 44

Einsturzgefährdet: Felsskulptur.

45

Sentiero SOSAT

Rifugio Alimonta, 2591 m
Aussichtspromenade über dem Val Brenta

 mittel

 7 Std.
km

↑700 m
↓1400 m

Routencharakter: Leichtere Alternative zum »Sentiero delle Bocchette Alte«, verläuft gut gesichert über die Sockelfelsen der Cima Mandron und bietet dabei viel Aussicht, vor allem auf das Adamello-Presanella-Massiv.
Ausgangspunkt: Rifugio Tuckett (2272 m), bewirtschaftet 20. Juni bis 20. September.
Gehzeiten: Ab Rifugio Vallesinella insgesamt 7 Std.; Aufstieg zum Rifugio Tuckett 2 ¼ Std.; Rifugio Tuckett – »Sentiero SOSAT« – Rifugio Alimonta 3 Std./Rifugio Brentei 2 ¾ Std., Abstieg 2 Std.

Highlights: Traverse der tiefen Felsschlucht, Aus- und Tiefblicke am Weg.
Unterkunft/Einkehr: Rifugio Tuckett (2272 m), Rifugio Alimonta (2591 m), Rifugio Brentei (2182 m), alle vom 20. Juni bis zum 20. September bewirtschaftet; Rifugio Casinei (1825 m), bewirtschaftet von 10. Juni bis zum 10. Oktober.
Fototipps: Die lange Leiter am Weg bietet gute Motive, Brenteihütte aus der Vogelperspektive, Gipfelkranz des Val Brenta, die Adamellogletscher.

Obwohl der »Sentiero SOSAT« in respektvollem Abstand zum Brenta-Hauptkamm verläuft, ist er mehr als nur Ausweichroute für den Fall, dass eine Wetterverschlechterung oder Neuschnee die Begehung der »Hohen Scharten« zu riskant erscheinen lässt. Denn gerade aus dieser Mitteldistanz präsentiert sich etwa der fantastische Felsrahmen des oberen Brentatals besonders eindrucksvoll. Blickfang ist dabei der Riesenklotz des Crozzon di Brenta (3135 m), hinter dem sich – nur an seinem Firndach zu erkennen – der höchste Gipfel des Gebirges, die Cima Tosa (3173 m) versteckt. In stimmungsvollem Kontrast zu all dem Felsgrau die Schau nach Westen, übers grüne Campigliotal hinweg auf die dunklen Grate und gleißenden Firnfelder von Adamello und Presanella.

→ **Anfahrt** Madonna di Campiglio (1522 m) liegt im Westen der Brentagruppe, 18 km von Dimaro, 31 km von Tione di Trento. Wer »oben«, also am Passo del Grostè (2446 m) einsteigen will, nimmt die Gondelbahn. Zum Rifugio Vallesinella (1513 m) führt von Madonna di Campiglio eine schmale Straße, knapp 5 km. Der Parkplatz ist während der hochsommerlichen Ferienzeit oft überfüllt!

↗ **Zustieg** Vom Passo del Grostè absteigend zum Rifugio Tuckett (2272 m), vom Rifugio Vallesinella gut zweistündiger Aufstieg zur Hütte.

↑ **Sentiero SOSAT**
Der »Sentiero SOSAT« zweigt fünf Minuten hinter der Tucketthütte vom Weg zur Bocca del Tuckett ab. Er quert den Moränenschutt im

45

Vorfeld des stark geschrumpften Gletschers und steigt über Felsstufen an zu einer Hangterrasse. Das Weglein schlängelt sich zwischen Bergsturztrümmern hindurch, dabei noch etwas an Höhe gewinnend. Am Kulminationspunkt der Route öffnet sich unvermittelt ein Prachtblick auf den gewaltigen Felsbau des Crozzon di Brenta (3135 m) – ein herrlicher Rastplatz. Anschließend senkt sich der »SOSAT-Steig« gut gesi-

Die Brentei-Hütte.

chert in eine tiefe Schlucht hinab; über eine hohe, senkrechte Leiter entsteigt man dem wilden Schlund auf ein Horizontalband. Bald einmal komfortabel breit, leitet es quer durch die Südabstürze der Punte di Campiglio (2969 m). Faszinierend die Kulisse, ein Halbrund aus Hauptdolomit, schiere Masse und filigrane Felsarchitektur nebeneinander; packend die Tiefblicke aufs Dach der Brenteihütte. Schließlich steigt der Weg gut gesichert ab in den Vallone dei Brentei, wo er sich gabelt: links hinauf zum herrlich gelegenen Rifugio Alimonta (2591 m), *3 Std.*, rechts durch den Geröllgraben abwärts zur Brenteihütte (2182 m).

↘ Abstieg Hoch an der rechten Flanke des Val Brenta auf schönem Weg talauswärts zur Casinei-Hütte (1825 m) und im Wald hinunter zum Rifugio Vallesinella (1513 m).

→ Anschlusstouren »Sentiero delle Bocchette Alte« (⇨ Tour 43) und auch der »Sentiero delle Bocchette Centrali« (⇨Tour 48).

Sentiero Osvaldo Orsi

Sega Alta, ca. 2550 m
Panoramawandern unter dem Brentakamm

Routencharakter: Landschaftlich sehr reizvolle, aber anstrengende Runde im Osten der Brenta (Höhenunterschiede!), überwiegend gute Wege. Im Aufstieg zum Val Pèrse und am »Oberen Band« (Sega Alta) mit Drahtseilen gesicherte Passagen.
Ausgangspunkt: Pradel (1367 m), Zwischenstation der von Molveno ausgehenden kleinen Seilbahn.
Gehzeiten: Insgesamt 10 Std.; Pradel – Rifugio Croz dell'Altissimo 1 Std., Aufstieg ins Val Pèrse 3 Std., »Sentiero Orsi« 2 ½ Std., Abstieg nach Molveno 3 ½ Std.
Highlights: Hangweg zum Rifugio Croz dell'Altissimo, Ausblicke vom »Sentiero

Orsi«, vor allem natürlich zum Campanile Basso; Rundschau vom Rifugio Pedrotti, Croz dell'Altissimo vom Rifugio Selvata.
Einkehr/Unterkunft: Rifugio Croz dell'Altissimo (1438 m), bewirtschaftet Juni bis September, Mai und Oktober jeweils an Wochenenden; Rifugio Pedrotti (2483 m), bewirtschaftet 20. Juni bis 20. September; Rifugio Selvata (1642 m), bewirtschaftet 20. Juni bis 20. September.
Fototipps: Felskulisse des Val Pèrse im Morgenlicht, Wanderer auf dem »Sega Alta«, Campanile Basso, »Hüttenleben« um die Pedrottihütte usw. usw.

Links: die lange Leiter am »SOSAT-Steig«.

Brenta-Hauptkamm mit Campanile Basso.

Auch wenn man auf dieser großen Runde die Eisenteile fast mit der Lupe suchen muss, gehört der »Sentiero Orsi« zu den schönsten Brentasteigen. Was ihm an »ferro« fehlt, macht die grandiose Kulisse locker wett. Kondition ist hier wichtig, führt die Tour doch aus tiefen Tallagen bis hinauf zu den Felswänden und Zacken des Brenta-Hauptkamms: Zwischen dem Molvenosee und dem »Hohen Band«, dem Fi-

46

letstück der Tour, liegt immerhin ein Höhenunterschied von 1700 Metern! Absolutes Highlight – und auch Belohnung für den langen Anstieg – ist der Blick zum Campanile Basso, schöner noch als jener vom »oberen Radlweg«. (So hieß der »Sentiero delle Bocchette Centrali« früher bei den Kletterern, im Gegensatz zum »Sentiero Orsi«, dem »unteren Radlweg«.)

→ **Anfahrt** Molveno (864 m) ist der klassische östliche Ausgangspunkt für Brentatouren; es erfreut sich einer hübschen Lage über dem oberen

Ende seines Sees. Anfahrt von der Brenner-Autobahn via Mezzolombardo, Fai della Paganella und Ándalo 24 km. Mit der Bidonvia (Stehlift) hinauf zum Rifugio Pradel (1367 m).

↗ **Zustieg** Auf schön angelegtem Höhenweg ohne größere Steigungen ins Val delle Seghe. An der Verzweigung hinter dem Rifugio Croz dell'Altissimo (1438 m) rechts und auf dem »Sentiero delle Val Pèrse« in langem, landschaftlich aber sehr abwechslungsreichem Anstieg (drahtseilgesicherte Passage) hinauf gegen die Bocca del Tuckett (2649 m).

Die alte Tosahütte am Endpunkt des »Orsi-Steigs«, fünf Minuten unterhalb des Rifugio Pedrotti.

↑ **Sentiero Orsi**

Im innersten Boden des Val Pèrse (ca. 2450 m) zweigt bei einem großen Felsblock links der »Sentiero Orsi« ab. Leicht an Höhe verlierend, quert er die Geröllhänge am Fuß der Cima-Brenta-Ostwand. Packend der Rückblick auf die Cima Roma (2838 m); über der Mündung des Val Pèrse steht der Croz dell'Altissimo mit seiner fast 1000 Meter hohen Südwestwand.

Der »Orsi-Weg« leitet in kurzem Anstieg aus einem düsteren, nordseitigen Karwinkel auf das »Sega Alta«, ein breites Band (Drahtseilsicherungen). Unter mächtigen Überhängen wandert man hinüber zum Querriegel des Naso dei Massodi (2625 m). Hier öffnet sich der Blick in das von hohen Felsmauern umstandene obere Massodikar (Busa degli Armi). Gut einzusehen ist der weitere Verlauf des »Sentiero Orsi«:

Er quert in sanftem Abstieg die weite Geröllmulde, umgeht den Süd-ostsporn der Cima degli Armi (3004 m) und führt in das untere Mas-sodikar (Busa dei Sfúlmini), wo als nächstes Highlight die unglaublich schlanke Felsnadel des Campanile Basso (Guglia, 2877 m) ins Blick-feld kommt – ein Bild »klassischer Dolomitenarchitektur«, das seines-gleichen sucht.

Der »Sentiero Orsi« passiert – noch etwas an Höhe verlierend – die Sockelfelsen der Cima Brenta Alta (2960 m) und steigt dann hinauf zum Rifugio Pedrotti (2483 m), zuletzt zusammen mit dem viel be-gangenen Hüttenzustieg, *2 1/2 Std.*

↘ **Abstieg** Auf gut markiertem Weg in vielen Kehren hinunter zum Rifugio Selvata (1642 m) und weiter ins Val delle Seghe bis Molveno *3 1/2 Std.*

→ **Anschlusstouren** »Sentieri Brentari-Ideale« (⇨ Touren 49 und 50), »Sentiero delle Bocchette Centrali« (⇨ Tour 48).

Die Felsum-rahmung des Val Pèrse.

47

Sentiero attrezzato Celeste Donini

Rifugio Selvata, 1642 m
Wanderrunde über dem Val delle Seghe

leicht

4³/₄ Std.
km

↑800 m
↓300 m

Routencharakter: Überraschend felsige Runde über dem Val delle Seghe; am »Sentiero Donini« gesicherte Passagen unterhalb der Ándalo-Alm und vor der Selvata-Hütte. Von Pradel (1367 m) fährt man gelenkschonend mit der Bahn hinunter nach Molveno.
Ausgangspunkt: Molveno (864 m) am oberen Ende seines Sees.
Gehzeiten: Insgesamt 4 ³/₄ Std.; Molveno – Bar Ciclamino ¹/₂ Std., »Sentiero Donini« – Rifugio Selvata 2 ³/₄ Std., Abstieg zum Rifugio Croz dell'Altissimo ¹/₂ Std., Höhenweg nach Pradel 1 Std.

Highlights: Originelle Passagen am »Sentiero Donini«, Ausblicke auf die Felskulisse des Val delle Seghe, Höhenweg nach Pradel.
Einkehr: Bar Ciclamino (950 m), Rifugio Malga di Ándalo (1342 m).
Einkehr/Unterkunft: Rifugio Selvata (1342 m), bewirtschaftet 20. Juni bis 20. September; Rifugio Croz dell'Altissimo (1438 m), bewirtschaftet Juni bis September, Mai und Oktober jeweils an Wochenenden.
Fototipps: Passagen am »Sentiero Donini«, Felsumrahmung des Val delle Seghe.

Wenn sich die hohen Gipfel der Brenta weiße Schleier überziehen (was sehr oft vorkommt), ist die Runde um das Val delle Seghe eine willkommene Alternative, auch für Klettersteiger. Denn am »Sentiero Donini« gibt's zwei recht originelle gesicherte Passagen; packend der Blick über den Graben auf die Riesenmauer des Croz dell'Altissimo (2339 m). Den kann man übrigens auch ohne Seil und Haken besteigen, über seine »schwache« Rückseite; etwa drei Stunden von der Bergstation der Pradel-Lifte (1521 m).

Gesicherte Passage unterhalb der Malga Ándalo.

→ **Anfahrt** Von der Brenner-Autobahn über Mezzolombardo, Fai della Paganella und Ándalo nach Molveno (864 m) in hübscher Lage über der Mündung des Val delle Seghe. Mehrere Parkplätze im Ortsgebiet.

↗ **Zustieg** Von der großen Straßenkehre im Dorf auf einem Fahrweg sanft steigend ins Val delle Seghe.

↑ **Sentiero Donini** An der Straßenbrücke oberhalb der Bar Ciclamino (950 m) links (Tafel) und auf einer Forstpiste steil bergan. An der fünften Kehre zweigt der »Sentiero Donini« ab. Den roten Markierungen folgend

im Wald aufwärts zum Felsfuß. Hinter einem abgespaltenen Zacken über ein paar hölzerne Leiterstufen (Drahtseilsicherung) auf ein Band; anschließend quert der Steig eine Rinne und steigt an dem Steilhang im Zickzack (Seilgeländer) weiter an. Recht spektakulär die Passage eines schmalen, überdachten Bandes. Weiter auf gutem Weglein zum Rifugio Malga di Ándalo (1352 m). Hinter der Almhütte über die Wiesen halbrechts aufwärts, dann flacher im Wald ohne jede Aussicht über dem Val delle Seghe taleinwärts. Unter dem Croz della Selvata leitet der Weg auf ein luftiges, mit Drahtseilen versehenes Band. Ansteigend über den Felsriegel, dann in lichtem Wald hinauf zum Rifugio Selvata (1642 m), *2 ¾ Std.*

Das Felsband am »Sentiero Donini«; Blick zum Castel Alto.

↘ **Abstieg** In weitem Bogen vom Pian della Selvata unter den Felsabstürzen des Castel alto (2430 m) hinunter zum Rifugio Croz dell'Altissimo (1438 m). Nun auf komfortablem Weg hoch über dem Val delle Seghe hinaus nach Pradel (1367 m; Liftstation); recht spektakulär die Passage an den Sockelfelsen des Croz dell'Altissimo (kurzer Tunnel, Drahtseilgeländer).

48 Sentiero delle Bocchette Centrali

Bocca degli Armi, 2749 m
Der schönste Höhenweg der Alpen?

 mittel

 10¹/₂ Std.

 1350 m

Spazierweg in der Vertikale: am »Bocchette-Weg«.

Routencharakter: Einmalig schöne Höhenroute, bestens gesichert und technisch nur wenig anspruchsvoll. Wer aus dem Tal aufsteigt, braucht Kondition, in jedem Fall wichtig sind gute äußere Bedingungen.
Ausgangspunkt: Rifugio Vallesinella (1513 m), knapp 5 km von Madonna di Campiglio.
Gehzeiten: Insgesamt 10 ¹/₂ Std., Rifugio Vallesinella – Bocca degli Armi 4 ¹/₂ Std., »Sentiero delle Bocchette Centrali« 3 Std., Abstieg 3 Std.
Highlights: Die Bänderpassagen, Aus-

und Tiefblicke, dann (natürlich) der Campanile Basso, auch die Fernsicht zu den Dolomiten. Einfach Klasse, diese Tour!
Einkehr/Unterkunft: Rifugio Casinei (1825 m), bewirtschaftet 10. Juni bis 10. Oktober; Rifugio Brentei (2182 m), Tel. 0465/44 12 44, Rifugio Alimonta (2581 m), Tel. 0465/44 03 66, beide bewirtschaftet vom 20. Juni bis 20. September.
Fototipps: Ausreichend Filmmaterial mitnehmen und hoffen, dass die berüchtigten Brenta-Nebel ausbleiben ...

Diesen Klassiker, das Herzstück der »Via delle Bocchette«, vorzustellen, heißt Eulen nach Athen tragen. Man kennt den Weg von zahllosen Beschreibungen, aus Kalendern und von TV-Sendungen, wo Bergsteiger gezeigt werden, die buchstäblich zwischen Himmel und Erde unterwegs sind – auf den legendären Brenta-Bändern. Es erübrigt sich deshalb, hier weitere Superlative anzuführen; festzuhalten ist aber, dass der »Sentiero delle Bocchette Centrali« eine echte Drei-Sterne-Tour ist, bei schönem Wetter (und ohne störende Brenta-Nebel) ein unvergessliches Bergerlebnis garantiert. Das muss man während der sommerlichen Ferienzeit natürlich mit Vielen teilen. Wer weder Hüttentrubel noch überlaufene Wege mag, aber gut zu

48

Teilweise künstlich verbreitert: die Bänder am »Bocchette-Weg«.

Fuß ist, besucht die Brenta am besten nach dem 20. September. Da schließen die Rifugi, und schlagartig wird es ruhig um Gipfel und Grate zwischen Madonna di Campiglio und Molveno: Bergesruh am »Bocchette-Weg« – ich hab's erlebt.

➜ **Anfahrt** Madonna di Campiglio (1522 m) liegt im Westen der Brentagruppe, 18 km von Dimaro, 31 km von Tione di Trento. Eine schmale Straße führt vom Hotelort zum Rifugio Vallesinella (1513 m), knapp 5 km. Der Parkplatz ist während der hochsommerlichen Ferienzeit oft restlos voll!

↗ **Zustieg** Auf guten Wegen über das Rifugio Casinei (1825 m) und die Brenteihütte (2182 m) zum Rifugio Alimonta (2591 m). In einer halben Stunde steigt man über den harmlosen Sfúlmini-Gletscher auf zur Bocca degli Armi (2749 m), 4 ¹/₂ Std.

↑ Sentiero delle Bocchette Centrali
Leitern und Drahtseile leiten aus der markanten, zwischen Cima degli Armi (2949 m) und Torre di Brenta (3014 m) eingelagerten Scharte auf einen schmalen Gratrücken, von dem man leicht auf

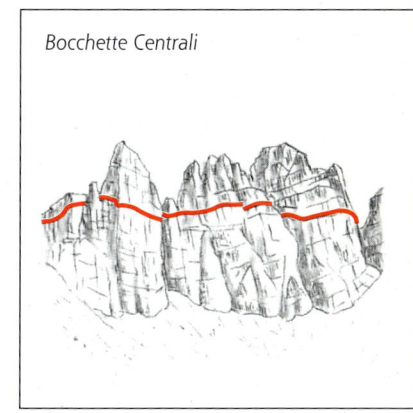

Bocchette Centrali

48

Spektakuläre Passage am »Sentiero delle Bocchette Centrali«.

ein Felsband »umsteigt«. Der »Bocchette-Weg« führt gut gesichert durch die senkrechten Ostabstürze des Torre di Brenta, der Sfúlmini (2910 m) und des Campanile Alto (2937 m), dabei einige Steilrinnen und düstere Felswinkel querend. Man bewegt sich in hochalpinen Regionen, gefühlsmäßig wohl im »siebten Bergsteigerhimmel«. Verständlich, bietet dieser Abschnitt doch ein konzentriertes Brenta-Erlebnis: schauen, bis einem fast die Augen übergehen, hinab ins Massodikar, hinaus ins grüne Umland und zu den fernen Dolomitenzacken.

Nach einer besonders exponierten Passage, die aus dem Dunkel eines *Steinerner* Schluchtwinkels auf ein überdachtes Band leitet (Kopf einziehen!), *Riesen-* folgt ein weiteres Highlight: Ganz unvermittelt kommt der Campanile *monolith: der* Basso (Guglia, 2877 m) ins Blickfeld, ein mächtiger Obelisk, kompak- *Campanile* ter wirkend als vom »Orsi-Weg« aus, frei zwischen Campanile Alto *Basso.* und Cima Brenta Alta stehend: klick, klick!

Von der Bocchetta della Sentinella, einer winzigen Scharte im Südost-grat des Campanile Alto, führt der »Sentiero delle Bocchette Centrali« über gestufte Felsen hinab zum Sockel des Campanile Basso und hi-nüber zur Guglia-Scharte (ca. 2620 m), wo der Steig auf die Westseite des Brenta-Hauptkamms wechselt. Den guten Sicherungen folgend klettert man ab zu dem Felsband, das die gesamte Westwand der Cima Brenta Alta durchzieht. Zwei Unterbrechungsstellen sind mit Holzbal-ken überbrückt; durchlaufende Drahtseile sichern diesen letzten Weg-abschnitt, der über Leitern schließlich in dem Schneefeld knapp unter-halb der Bocca di Brenta (2549 m) ausläuft, *3 Std.* Knapp jenseits der Scharte steht das Rifugio Pedrotti (2483 m).

↘ **Abstieg** Eine deutliche Spur führt durch den Geröllgraben des Val Brenta Alta hinunter zur Brenteihütte (2182 m). Weiter wie beim Zu-stieg zum Rifugio Vallesinella (1513 m).

→ **Anschlusstour** »Sentiero Brentari« (⇨ Tour 49).

49
50

Sentiero Brentari

Sentiero dell'Ideale

Bocca d'Ambiez, 2871 m
Eis- und Felsensteige

 mittel

 4¹/₄ Std.

600 m

Routencharakter: Hochalpiner Übergang, Schwierigkeiten abhängig von äußeren Bedingungen (Wetter, Schneelage). Leichtsteigeisen und Pickel sollte man unbedingt dabei haben; gesicherte Passagen nur mäßig schwierig.
Ausgangspunkt: Rifugio Pedrotti (2483 m).
Gehzeiten: 4 ¹/₄ Std. (Rifugio Pedrotti – Rifugio XII Apostoli).
Highlights: Die hochalpinen, mehrfach wechselnden, von Steilfels und Firn geprägten Szenerien an der Cima Tosa, Fernblicke nach Süden zu den Gardaseebergen, westlich ins Adamello.
Einkehr/Unterkunft: Rifugio Pedrotti (2483 m), Tel. 0461/94 81 15, Rifugio XII Apostoli (2489 m), Tel. 0465/50 13 09, beide 20. Juni bis 20. September bewirtschaftet.
Fototipps: Hochalpine Motive, auch mit Action; Firnkammern unter der Cima Tosa, kontrastreiche Fernblicke.

Am stärksten vergletschert ist die Brentagruppe im Bereich der Cima Tosa (3173 m). Um den höchsten Gipfel des Massivs und die nur wenig niedrigere Cima d'Ambiez (3102 m) lagern fünf kleine Gletscher: Tosa, Crozzon, Camosci, Ágola und Ambiez. Vier von ihnen werden auf der »Brentari-Ideale-Route« tangiert bzw. überschritten. Bergsteiger finden zwar in der Regel eine ausgetretene Spur vor; Steigeisen und Pickel gehören aber trotzdem zur Ausrüstung auf dieser hochalpinen Überschreitung. Klettersteigler, eher an Eisen als Eis gewöhnt, weichen deshalb gerne auf den »Sentiero Castiglioni« aus (⇨ Tour 51). Landschaftlich eindrucksvoller sind allerdings die beiden Steige

Zugemauert: Felswinkel unter der Cima d'Ambiez.

»Brentari« und »Ideale«, vor allem die versteckten Eis- und Felskammern unter der Cima Tosa vermitteln Bilder von fast beängstigender Intensität.

Brücke am »Sentiero Brentari«.

↗ **Zustieg** Hüttenweg zum Rifugio Pedrotti: ⇨ Tour 46.

↑ **Sentiero Brentari**

Von der Pedrottihütte (2483 m) leiten die Markierungen zunächst unter dem Südabsturz der Cima Brenta Bassa hindurch. Schon bald kommt die mächtige Felsbastion der Cima Tosa ins Blickfeld, von der sich ein langer, mehrgipfliger Kamm südöstlich über die Cima Polsa (2859 m) zur Cima Ceda erstreckt. Über Geröll und Firn steigt man in einem Linksbogen an zur Sella di Tosa (ca. 2860 m). Mit zunehmender Höhe treten dabei über dem Grat, der die Cima Margherita (2845 m) mit der Cima Brenta Bassa verbindet, die Felsbauten des Sfúlmini-Kamms immer schöner ins Bild: Campanile Alto, Campanile Basso, Cima Brenta Alta. Von der Sella di Tosa – eigentlich bloß eine Felsschulter im Südgrat des höchsten Brentagipfels – läuft der »Sentiero Brentari« über Geröllbänder, abschnittweise gesichert, hinüber zur

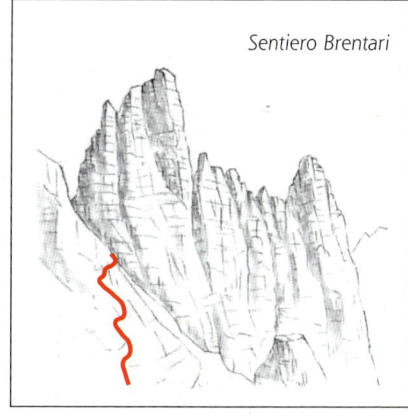

Sentiero Brentari

49
50

Bocca di Tosa (ca. 2845 m), einem schmalen Einschnitt zwischen hohen Felsmauern. Packend der Blick auf die 400 Meter hohe Ostwand der Cima d'Ambiez.

Der Abstieg zum Ambiez-Gletscher vollzieht sich rechts einer steilen Eisrinne über gestufte Felsen, mit mehreren Leitern und Drahtseilen gesichert. Auf dem Firn läuft die Ferrata aus. Spuren leiten über Schnee und Geröll abwärts zu dem bereits sichtbaren Rifugio Agostini (2410 m), *2 ³/₄ Std.*

↑ Sentiero dell'Ideale

Wer die hochalpine Überschreitung zur Zwölf-Apostel-Hütte mit dem »Sentiero dell'Ideale« fortsetzen will, hält sich auf dem Vedretta d'Ambiez rechts und steigt über Firn und Felsinseln auf zur Bocca d'Ambiez (2871 m). Die Verhältnisse können hier – je nach Jahreszeit und Schneelage – sehr unterschiedlich sein; vor allem im Spätsommer ist man unter Umständen froh um Pickel und Steigeisen.

Höchster Gipfel der Brenta ist die Cima Tosa (3173 m).

Hinter der Ambiez-Scharte betritt man den »Gämsenkessel«, eine Fels- und Eiskammer von überwältigender Wildheit. Über den harmlosen Vedretta dei Camosci kann man auf dem »Sentiero Martinazzi« nördlich zum Rifugio Brentei (2182 m) absteigen. Die Firnspur des »Sentiero dell'Ideale« quert links in die Bocca dei Camosci (2784 m), wo erneut ein abrupter Szenenwechsel überrascht: Fernsicht statt bedrückende Enge, bis zu den hohen Firngraten des Adamello und zur Presanella geht der Blick. Der Abstieg zur Zwölf-Apostel-Hütte (2489 m) ist beschaulicher Ausklang einer großartigen Überschreitung im Süden der Brenta, *4 1/4 Std.* ab Rifugio Pedrotti.

↘ **Abstiege** Auf dem Hüttenweg hinunter in den Passo Bregn de l'Ors (1836 m), dann südseitig um den Liftberg Doss del Sabbion (2101 m) herum zur Mittelstation der Seilbahn.

→ **Anschlusstour** »Sentiero Castiglioni« (⇨ Tour 51).

51 Sentiero Castiglioni

Bocchetta dei Due Denti, 2859 m
Feuerwehrleitern über dem Val d'Ambiez

ziemlich
schwie-
rig

7¹/₄ Std.
km

↑2010 m
↓380 m

Routencharakter: Lange Tour mit einer 100-Meter-Leitern-Direttissima unterhalb der Bocchetta dei Due Denti, besonders lohnend in Verbindung mit dem »Sentiero Passo Bregàin« (➪ Tour 52) und/oder dem »Ideale-Brentari-Steig« (➪ Touren 49, 50). Landschaftlich sehr reizvoll das Val d'Ambiez und seine Felskulisse.
Ausgangspunkt: Wanderparkplatz (850 m) beim Ristoro Dolomiti am Eingang zum Naturpark Adamello-Brenta.
Gehzeiten: Insgesamt 7 ¹/₂ Std.; Parkplatz – Rifugio Agostini 4 ¹/₂ Std., »Sentiero Castiglioni« 1 ³/₄ Std., Abstieg zum Rifugio XII Apostoli 1 Std.

Highlights: Natürlich die steile Leiternserie, dann aber auch die Gipfelumrahmung des Val d'Ambiez.
Einkehr/Unterkunft: Rifugio al Cacciatore (1821 m), Tel. 0465/73 41 41, Rifugio Agostini (2410 m), Tel. 0465/73 41 38, Rifugio XII Apostoli (2489 m), Tel. 0465/50 13 09, alle bewirtschaftet 20. Juni bis 20. September.
Fototipps: Gutes Licht hat man beim Anstieg am Vormittag; wer in der XII-Apostel-Hütte nächtigt, kann die Dämmerstunden zu stimmungsvollen Bildern nutzen.

Im Gegensatz zum hochalpinen »Sentiero dell'Ideale« vermittelt der »Castiglione-Klettersteig« einen weitgehend eisfreien Übergang vom Rifugio Agostini zur Zwölf-Apostel-Hütte. Berühmt wurde die 1946 eingeweihte Route durch eine spektakuläre Leiternserie auf der Ostseite der Zwei-Zähne-Scharte – für absolut Schwindelfreie ein luftiglustiges Emporturnen. Der Name des Steiges erinnert an den Bergsteiger und Alpinschriftsteller Ettore Castiglioni, der 1944 auf der Flucht in die Schweiz am Fornopass (Bergell) in einem Schneesturm umkam. Castiglioni verfasste für den CAI mehrere Führer der Reihe »Guida dei Monti d'Italia«, u. a. auch über die Brentagruppe. Von seinen zahlreichen Erstbegehungen gelten die Südwandroute an der Marmolada di Rocca und die Nordwestwandführe am Piz Badile im Bergell als die bedeutendsten.

➜ **Anfahrt** Von der Brenner-Autobahn (Ausfahrt »Trento«) kommt man via Sarche rasch nach San Lorenzo in Banale (716 m), 33 km. Eine schmale Straße führt durch den Ort zur Mündung des Val d'Ambiez, weitere 3 km.

➚ **Zustieg** Vom Wanderparkplatz (850 m) beim Ristoro Dolomiti auf teilweise sehr steilem Schottersträßchen durch das malerische Val d'-Ambiez aufwärts, zuletzt mit freier Sicht auf den Gipfelkranz des Talschlusses. Beim Rifugio al Cacciatore (1821 m) links und über den »Sentiero Dallago« zum Rifugio Agostini (2410 m).

↑ Sentiero Castiglioni

Ein paar Gehminuten oberhalb der Hütte, am Weg zum Ambiez-Gletscher, weist ein Schildchen zum »Sentiero Castiglioni«. Man passiert einen harmlosen Felsriegel und betritt dann das Hochkar unter der Cima di Val d'Ágola (2960 m). Links auf einer Geröllspur zum Einstieg der Ferrata (Tafel). Nun sehr luftig mittels einer langen Leiternreihe über die fast 150 Meter hohe Wandstufe. An der Bocchetta dei Due Denti (2859 m) läuft die »eiserne Direttissima« aus. Hatte man während des Steilanstiegs Aussicht auf die Felskulisse des Val d'Ambiez, so öffnet sich oben an der nach zwei Gratzacken benannten Scharte ein schöner Fernblick auf Gipfel und Grate des Adamello. Bereits zu sehen ist auch das Rifugio XII Apostoli. *1 ³/₄ Std.*

↘ **Abstieg** Kurz über eine Felsstufe (Drahtseil) hinunter zum arg geschrumpften Prato-Fiorito-Gletscher und über Geröll und Karrenböden abwärts zur Hütte.

→ **Anschlusstour** »Sentiero dell'Ideale« und »Sentiero Brentari« (⇨Touren 49 und 50).

Wolkentreiben im innersten Val d'Ambiez.

52

Sentiero attrezzato Passo Bregàin

Passo Bregàin, 1829 m
Aussichtswandern über dem Val d'Ambiez

 leicht

 8½ Std.
km

1300 m

Routencharakter: Mehr Höhenwanderung als Klettersteig, etwas für Genießer mit ordentlicher Kondition. Eine Querung zwischen dem Passo Bregàin und der Malga Ben ist gesichert.
Ausgangspunkt: San Lorenzo in Banale (716 m).
Gehzeiten: Insgesamt 8 ½ Std.; San Lorenzo – Passo Bregàin 3 ½ Std., »Sentiero Passo Bregàin« 2 ½ Std., Abstieg nach San Lorenzo 2 ½ Std.

Highlights: Die Höhenwanderung vom Passo Bregàin zum Rifugio al Cacciatore – Aussicht, Aussicht!
Einkehr/Unterkunft: Rifugio al Cacciatore (1821 m), Tel. 0465/73 41 41, bewirtschaftet 20. Juni bis 20. September.
Fototipps: Tiefblicke ins Val d'Ambiez, Gamsrudel in den Karwinkeln am Weg, Felskulisse des Tals, im Frühsommer Blumen!

Klassisches Südtor zur Brenta ist das Val d'Ambiez, und den schönsten Einstieg zu diesem faszinierenden Gebirgsraum bietet der »Sentiero Passo Bregàin«, der hoch an der Ostseite des Tals verläuft. Ein Einstieg von oben also, liegen doch zwischen dem Passo Bregàin, an dem man das Val d'Ambiez betritt, und dem Rifugio al Cacciatore (1821 m) zwar vier Kilometer (Luftlinie) und jede Menge Aussicht, aber gerade mal ein paar Höhenmeter. Und wer gleich in der »Jägerhütte« übernachtet, kann sich anderntags ja an einem richtigen Brenta-Klettersteig versuchen, am »Sentiero Castiglioni« (⇨ Tour 51) oder am »Brentari-Steig« (⇨ Tour 49).

Dolomitzinnen über dem Val di Dalum.

➔ **Anfahrt** Von der Brenner-Autobahn (Ausfahrt »Trento«) kommt man via Sarche rasch nach San Lorenzo in Banale (716 m), 33 km. Parkplätze im Ortsbereich und am Sträßchen ins Val d'Ambiez.

↗ **Zustieg** Von San Lorenzo in Banale folgt man zunächst dem ins Val d'Ambiez führenden Sträßchen durch den malerisch-verwinkelten Weiler Senaso (781 m) bis zur signalisierten Abzweigung des Weges 349bis (Tafel »Garda-Brenta«). Weiter auf geteerter Unterlage in einen Graben, bei einem Haus rechts und auf einem Ziehweg teilweise steil bergan zu den Mase alt. Rechts mündet ein Zustieg vom Rifugio Alpenrose. Weiter schattig bergan zur Waldgrenze, dann über Wiesen-

52

Der »Sentiero Passo Bregàin« verläuft hoch über der Ost-flanke des Val d' Ambiez.

hänge immer steiler hinauf zum Grat (Passo Bregàin, 1829 m) mit freier Sicht nach Süden, auf die Gardaseeberge.

↑ **Sentiero Passo Bregàin**

Die dünne Spur hält zunächst noch die Höhe und leitet am Hang zu einer kleinen Kanzel mit schönem Blick ins Val d'Ambiez. Dahinter geht's in kurzem Zickzack abwärts, dann führt das Weglein in extrem steile Wiesenhänge. Drahtseile sorgen auf einer Länge von gut 100 Metern für Sicherheit; ein Abrutschen hätte hier verhängnisvolle Folgen, lauern unterhalb des Grases doch senkrechte Felsabbrüche.

Weiter absteigend gelangt man in gefahrloses Terrain und schon bald ist die »gute Alm« (Malga Ben, 1735 m) erreicht (Wasser etwas unterhalb). Der schön angelegte Weg geht in eine Hangmulde aus; an der folgenden Verzweigung hält man sich rechts und folgt dem nun wieder schmalen Pfad, der in leichtem Anstieg mit freier Sicht übers Tal zu den idyllischen Wiesenböden an der Mündung des Val di Dalum führt. Von diesem Platz aus überschaut man fast die gesamte Gipfelumrahmung des Val d'Ambiez; über dem Bus di Dalum ragen bizarre (namenlose) Zacken in den Himmel.

Wenig weiter gewinnt das Weglein seinen höchsten Punkt (1982 m); gut einzusehen ist nun auch der letzte Wegabschnitt, der in weitem Bogen hinunterläuft zum Rifugio al Cacciatore (1821 m), *2 ½ Std.*

↘ **Abstieg** Von der schön gelegenen Hütte auf dem geschotterten Fahrweg gemütlich durch das Val d'Ambiez hinaus zum Ristoro Dolomiti (850 m) und zurück nach San Lorenzo in Banale.

Agostini, Rif. 127, 160, 162
Albergo Colomber 71
Alimonta, Rif. 142, 144ff., 148, 154f.
Ándalo 150
Anghébeni 104ff.
Anglone-Steig 89f.
Arco 86ff.
Ávio 62, 65

Baita Montesel 47, 49
Barbara, Rif. 82
Bassano del Grappa 39, 41
Bassano, Rif. 38
Bella Laita 107, 109
Benini-Steig 139ff.
Bertagnoli, Rif. 124f.
Bertotti-Steig 44f.
Biacesa 77ff.
Biasin-Steig 122f.
Bivacco Arcione 77, 79, 81
Bivacco Bonvecchio 132, 134
Bivacco Costanzi 132, 135
Bocca d'Ambiez 158, 160
Bocca degli Armi 145, 154f.
Bocca dei Camosci 161
Bocca del Tuckett 140, 142f., 146, 150
Bocca di Brenta 157
Bocca di Tosa 160
Bocchetta Campiglia 107f.
Bocchetta dei Camosci 140
Bocchetta dei Due Denti 162f.
Bocchetta dei Tre Sassi 132f., 138
Bocchette Centrali, Sentiero delle 154ff.
Bocchette-Weg 127ff.
Bondone 47
Brenta-Dolomiten 127ff.
Brentari, Rif. 35, 37
Brentari-Steig 158ff.
Brentei, Rif. 146, 148, 154f., 157, 161
Burrone 29f.
Burrone-Steig 29ff.

Cacciatore, Rif. 162, 164f.
Cadino 26, 28
Campalani-Steig 115ff.
Campanile Basso 132, 149ff., 157
Campogrosso, Rif. 112, 114
Capriolo, Rif. 128
Casinei, Rif. 142, 146, 148, 154f., 157
Castel Drena 90, 92f.
Castiglioni-Steig 162f.
Cengia di Pértica 119, 122f.
Che-Guevara-Klettersteig 94ff.
Chiesa-Steig 32f.

Cima Brenta 139, 141, 143
Cima Capi 77ff.
Cima Carega 115, 117, 119f.
Cima Comèr 72f.
Cima d'Asta 35
Cima d'Asta, Rif. 35, 37
Cima Falkner 139f.
Cima Palòn 107
Cima Rocca 77ff.
Cima Sassara 132, 134
Cima SAT 82f., 85
Cima Tosa 146, 158
Cima Verde 50f., 55
Cimòn del Soglio Rosso 107, 110
Cimone 53f.
Cinque-Cime-Steig 107ff.
Col Verde 35f.
Colle Xomo 108
Coraza-Steig 53f.
Corna Piana 62f.
Corne de Bes 63
Cornetto 50f., 55
Corno 74ff.
Corno Battisti 104, 106
Costa Media 118
Costabella, Rif. 68
Costanzi-Steig 132ff., 138
Coste dell'Anglone 89f.
Creste di Socede 35f.
Croce del Chegùl 44ff.
Croz dell'Altissimo 149f., 152f.
Croz dell'Altissimo, Rif. 149f., 152f.

Dain Picol 99, 101
Dodici-Apostoli, Rif. 158, 161, 162f.
Don Zio, Rif. 94, 97
Donini-Steig 152f.
Dos d'Abramo 50f., 53, 55
Drena 92
Dro 89ff.

Enzianhütte 20f.
Etschtal 19ff.

Fennberg-Klettersteig 23ff.
Ferrata delle Taccole 67ff.
Ferratina del Rampin 97
Foletti-Steig 77, 79
Fondo 128
Fraccaroli, Rif. 115, 117, 121

Gabrielli-Steig 35ff.
Galli-Steig 104ff.
Gamssteig 21
Gardaseeberge 57ff.
Gardone 70
Gargnano 72

Giazza 123
Graffer, Rif. 132f., 136
Graziani, Rif. 62f.
Grostè-Gondelbahn 132f., 135, 139, 141
Guzzella-Steig 38f.

Halbweghütte 20, 21

Ideale-Steig 158ff.

Lago di Ledro 74, 76
Leiferer Höhenweg 20
Ljetzan 123

Madonna delle Neve 64ff.
Madonna di Campiglio 127, 133, 136, 139, 142, 146, 154f.
Malga di Ándalo, Rif. 152f.
Malga Mondifrà 135
Malga Romeno, Rif. 20
Malga Scale 132, 135
Malga Sorgazza 35, 37
Maranza, Rif. 44, 46
Margreid 23f.
Marocche 90
Marzola 44ff.
Mendelpass 20
Mezzocorona 29, 31
Molveno 127, 149ff.
Monte 29, 31
Monte Albano 58
Monte Baffelàn 112, 114
Monte Baldo 57, 67
Monte Baldo, Rif. 64, 66
Monte Biaena 55
Monte Boccaòr 41, 43
Monte Casale 57, 94f., 97, 99
Monte Cornetto 112
Monte Forni Alti 107, 110
Monte Garzolè 99
Monte Gramolòn 124f.
Monte Grappa 19, 38ff.
Monte Pizzoccolo 70
Monte Roèn 20, 22
Monte Spino 71
Monte-Albano-Klettersteig 58ff.
Monte-Baldo-Höhenstraße 63
Monteróvere 32, 34
Monti Lessini 103ff., 115, 123
Mori 58f., 61f., 68

Naturpark Adamello-Brenta 127, 162

Orsi-Steig 149ff.

Palete-Steig 136f.
Palòn 47, 49

Papa, Rifugio 107, 111
Passo Bregàin 164f.
Passo Campo Carlo Magno 133, 139
Passo Cimirlo 45f.
Passo del Grostè 127, 132f., 136f., 138f., 142, 146
Passo delle Palete 136f.
Passo di Campogrosso 114, 117
Passo di Fontana d'Oro 107, 110
Passo di Prà Castròn 132, 135
Passo di Spino 70f.
Passo di Val Gelada 134, 136, 138
Passo Pertica 115, 119, 121ff.
Passo Pertica, Rif. 115, 118f., 122
Passo Pian delle Fugazze 105, 108, 112ff.
Pasubio 103ff., 107
Pedrotti, Rif. 149, 151, 157, 158f.
Pellegrino-Steig 74, 76
Peller, Rif. 127, 132
Percorso attrezzato Carlo Guzzella 38f.
Percorso attrezzato Sass Brusai 41f.
Pietramurata 94, 97
Pieve Tesino 35
Pirlo, Rif. 70f.
Pisetta-Klettersteig 99ff.
Pojesi-Steig 118ff.
Porte del Pasubio 107, 111
Pradel 149, 152f.
Pradel, Rif. 150
Punta Telégrafo 68

Ranzo 99, 101
Revolto, Rif. 115, 118f., 122
Rifugio ' Eigenname
Rio Sallagoni 92
Rio Secco, Via attrezzata 26ff.
Rio-Sallagoni-Steig 92f.
Ristoro Dolomiti 162, 165
Riva del Garda 74, 77f., 82f., 85
Roèn-Klettersteig 20ff.
Roverè della Luna 23f.

San Giovanni 77, 79ff.
San Liberale 38ff.
San Lorenzo in Banale 162, 164f.
San Valentino (Brentonico) 62f.
San Valentino (Gargnano) 72f.
San-Valentino-Steig 72f.
Sarche 97, 99ff.
Sass Brusai 19, 41
Sasso 72f.
Scalorbi, Rif. 115, 117
Schützengräbenweg 77, 79
Sega Alta 149f.

Sega-Steig 64ff.
Segata-Steig 50f.
Sella di Tosa 159
Selvata, Rif. 149, 151ff.
Sentèr dei Bech 77, 79, 81
Sentiero Alfredo Benini 139ff.
Sentiero alpinistico Angelo Pojesi 118ff.
Sentiero Alto del Fumante 117
Sentiero attrezzato Burrone-Giovanelli 29ff.
Sentiero attrezzato Celeste Donini 152f.
Sentiero attrezzato Claudio Costanzi 132ff., 138
Sentiero attrezzato Corne di Bes 62f.
Sentiero attrezzato del Colodri 86ff.
Sentiero attrezzato Fausto Susatti 77, 79
Sentiero attrezzato Gaetano Falcipieri 107ff.
Sentiero attrezzato Gerardo Sega 64ff.
Sentiero attrezzato Giulio Gabrielli 35ff.
Sentiero attrezzato Mario Foletti 77, 79
Sentiero attrezzato Passo Bregàin 164f.
Sentiero attrezzato Pero Degasperi 47ff.
Sentiero attrezzato Rio Sallagoni 92f.
Sentiero Brentari 158ff.
Sentiero Castiglioni 162f.
Sentiero Clemente Chiesa 32f.
Sentiero Crazidei 85
Sentiero d'arroccamento 112f.
Sentiero Dallagiacoma 141
Sentiero degli Scaloni 89, 91
Sentiero dei Camminamenti 77, 80
Sentiero dei Sparavei 53, 55
Sentiero del Coraza 53f.
Sentiero del Sengio Alto 112, 114
Sentiero dell'Anglone 89f.
Sentiero dell'Ideale 158ff.
Sentiero delle Bocchette Alte 142ff.
Sentiero delle Bocchette Centrali 154ff.
Sentiero delle cinque Cime 107ff.
Sentiero delle Laste 77, 81
Sentiero delle Palete 136f.
Sentiero di Val Gelada 136f.
Sentiero Franco Galli 104ff.
Sentiero Giordano Bertotti 44f.

Sentiero Martinazzi 161
Sentiero Mondino 128
Sentiero Oliva Detassis 142, 144
Sentiero Osvaldo Orsi 149ff.
Sentiero Pellegrino 74, 76
Sentiero SOSAT 146ff.
Sentiero Vidi 136, 138
SOSAT-Steig 146ff.
Sparavei-Steig 53f.
Strada delle 52 Gallerie 107, 111
Susatti-Steig 77, 79

Telégrafo, Rif. 67, 69
Terres-Waal 128, 130
Tovelsee 128, 136
Tre Cime del Bondone 50
Trento 19, 44
Tuckett, Rif. 139, 141, 142f., 146
Tuenno 128
Tuenno-Waal 128f.

Überetscher Hütte 20, 22
Unterfennberg 23

Val d'Ambiez 127, 162, 164f.
Val delle Seghe 150ff.
Val di Ledro 77f.
Val di Non 128, 132, 136
Val di Sur 70f.
Val Gelada 136f.
Val Pèrse 149f.
Val Scura 32f.
Val Sorgazza 35
Val Sperone 78, 80
Val Sugana 19
Val-Gelada-Steig 136f.
Valle d'Illasi 115, 119, 123f.
Valle dei Molini 62, 64ff.
Valle del Vento 135
Vallesinella, Rif. 142, 146, 148, 154f.
Vetta delle Buse 67ff.
Via attrezzata Giulio Segata 50f.
Via attrezzata Monte Albano 58ff.
Via attrezzata Rino Pisetta 99ff.
Via attrezzata Rio Secco 26ff.
Via dell'Amicizia 82ff.
Via delle Bocchette 127ff.
Via ferrata Angelo Viali 124f.
Via ferrata Carlo Campalani 115ff.
Via ferrata Ernesto »Che« Guevara 94ff.
Via ferrata Giancarlo Biasin 122f.
Via ferrata Spigolo della Bandiera 70f.
Viali-Steig 124f.
Vidi-Steig, 136, 138
Viote, Rif. 50f.

DER AUTOR

Eugen E. Hüsler, geb. 1944 in Zürich, veröffentlicht Reiseführer über Alpenländer, Wander- und Klettersteigführer sowie Bildbände. Inzwischen sind es über 50 Titel. Seit 25 Jahren ist er in den Alpen unterwegs, vor allem wandernd, gerne auch mit dem Seil, ohne ein Extremer zu sein. Eugen E. Hüsler lebt seit 1983 in Bayern. Bei Bruckmann erscheint von ihm u.a. der »Klettersteigatlas Alpen«.

Eine Produktion des Bruckmann-Teams, München
Layout und Satz: Der Buch*macher*, Arthur Lenner
Kartografie: Christian Rolle, Umweltkartographie und Geoinformations-technik, Holzkirchen

Titelbild:
Auf der »Via dell' Amicizia« (Foto: Bernd Ritschel)
Umschlagrückseite:
Am »Sentiero delle Bocchette Centrali« (Foto: Eugen E. Hüsler)

Bildnachweis
Alle Fotos im Innenteil von Eugen E. Hüsler mit folgenden Ausnahmen:
Jürgen Frank S. 27, 30, 60, 61, 78, 141, 142, 143, 144, 157, 158, 159, 160/161; Manfred Kostner S. 48, 100, 101.

Alle Angaben dieses Werkes wurden vom Autor sorgfältig recherchiert und auf den aktuellen Stand gebracht sowie vom Verlag auf Stimmigkeit geprüft. Für die Richtigkeit der Angaben kann jedoch keine Haftung übernommen werden. Für Hinweise und Anregungen sind wir jederzeit dankbar. Bitte richten Sie diese direkt an den Autor: Eugen E. Hüsler, Ostener Straße 5, 83623 Dietramszell; Tel. 08027/1369, Fax 08027/904531.

Gedruckt auf chlorfrei gebleichtem Papier

Die Deutsche Bibliothek – CIP Einheitsaufnahme
Ein Titeldatensatz für diese Publikation ist bei
Der Deutschen Bibliothek erhältlich.

Gesamtverzeichnis gratis:
Bruckmann Verlag GmbH, 81664 München
Internet: www.bruckmann.de